子どもコミッショナーはなぜ必要か

子どものSOSに応える人権機関

日本弁護士連合会
子どもの権利委員会 編

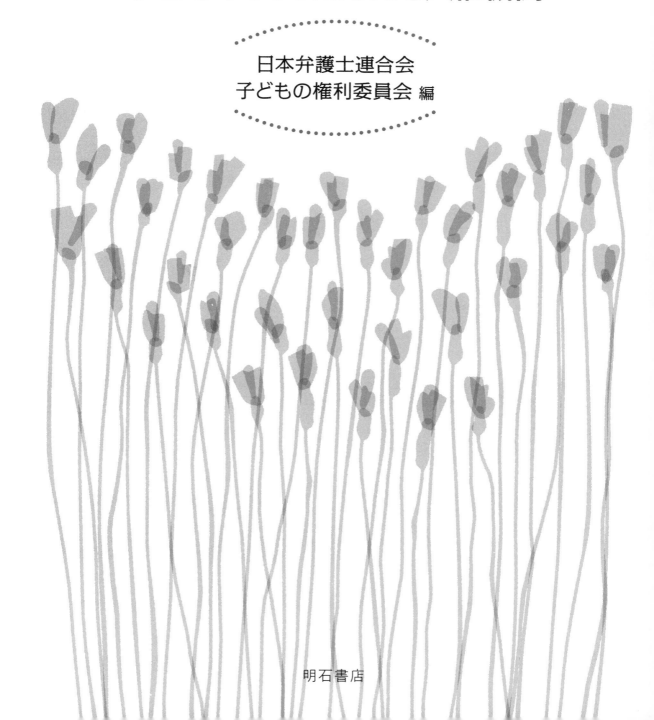

明石書店

あいさつ

　2023年4月1日、こども家庭庁が設置され、こども基本法が施行されます。

　日本弁護士連合会では、2021年9月17日に「子ども権利基本法の制定を求める提言」において、国連子どもの権利条約の内容を国内で実現すべく「子どもの権利基本法案」（以下「法案」という）を公表しました。法案では、具体的な子どもの権利や、子どもコミッショナーともいわれている子どもの権利擁護委員会の設置を定めています。

　こども基本法において、憲法及び子どもの権利条約の精神にのっとり子どもの権利擁護が図られることを目的とし、子どもの権利条約の4つの一般原則に相当する規定が置かれ、子ども施策への子ども等の意見の反映等が明記され、さらに、子ども施策を総合的・包括的に行うためのこども家庭庁が設置されることは、我が国の子どもの権利保障を進展させる上で、極めて大きな意義を持つものです。しかし、他方で、こども基本法に具体的な子どもの権利が明記されておらず、子どもコミッショナーの設置も見送られる等、子どもの権利保障にとって重要な課題が残っています。

　現在、虐待やいじめ、貧困など解決されなければならない子どもの問題が数多くあり、全国の児童相談所が対応した児童虐待の件数は2020年度は20万件を超え、毎年50人前後の子どもが虐待により死亡し、子どもの自殺件数は499人にも及び、痛ましいいじめによる自殺の報道が、いじめ防止対策推進法施行後も続いています。国における子どもコミッショナー設置は見送られましたが、現在、約40の地方自治体には条例により子どもの相談・救済機関が設置されており、悩み苦しんでいる子どもの相談を受け、関係機関と連携しながら問題を解決しています。本書は、このような地方自治体

において現実に子どもの声を聴き、子どもに寄り添って子どもの相談を迅速に解決している活動の実践、国連・子どもの権利委員会の見解や世界の動き等に学び、わが国における子どもコミッショナーの制度化を考え、制度化への取り組みの一助とするものです。

当委員会では、こども家庭庁設置、こども基本法施行を踏まえ、子どもの権利保障のための法制度をさらに充実させるための検討や働きかけを行うとともに、子どもに関わる専門家や市民の方々と連携し、子どもたちと共に、全ての子どもの全ての権利の実現のために取り組みを続けていく決意を新たにするものです。

日本弁護士連合会子どもの権利委員会委員長　安保千秋

はじめに——子どもコミッショナーはなぜ必要か

　私が、子どもの権利条約に出会ったのは、日本がこの条約に批准する前の1993年頃のことです。当時、私は、弁護士になって数年目でしたが（1990年に弁護士登録）、法学部で勉強した憲法の人権保障と、弁護士実務の中で感じる差別の実態とのギャップを痛感していました。当たり前のことですが、憲法に書かれているだけでは、人権は実現されないのです。しかも、学生時代には、漠然と、裁判所が人権保障の砦であると考えていましたが、人権侵害に対して司法による救済を求めるためには、実際には、弁護士への依頼は不可欠と言ってよく、その費用もかかる、裁判には時間もかかる、弁護士も裁判官も人権問題について理解が深いとは限らない、裁判で勝てるとは限らないという現実に気がつきました。

　そして、人権が本当に守られる社会にするにはどうすればよいのかと考えていた中で、子どもの権利条約について勉強した時、条約に書かれている子どもの権利が実際に守られるようにするために、条約が、委員会という監視機関によって、条約に入った国が条約を守っているかを定期的に審査する仕組みを作っていることを知って、心から感動したのです。

　国連は、世界のすべての国で人権が守られるよう、国際人権条約をつくりました。子どもの権利条約もその1つですが、条約で書かれた人権を実現させるのは、あくまで条約に入った国の責任です。国は、そのために、法律を作ったり、行政的な措置を行ったりしなければならず、それでも、条約が守られていないために、条約で保障された権利が侵害された人に対しては、救済をしなければなりません。条約の委員会は、国際的な監視機関として、国が、このように、立法、行政、司法によって、条約が定めた権利を実現させているかをモニタリング（監視）するのです。人権が守られるために

は、人権の専門機関による、こうしたモニタリング（監視）が必要だということを、子どもの権利条約を勉強して初めて知りました。そして、国際的に独立の人権監視機関として、条約の委員会があるように、国内で人権の実現を推進するには、国内にも独立の人権監視機関が必要なのです。立法機関（国会）、行政機関（政府）、司法機関（裁判所）は、それぞれ、条約を実施する重要な役割を担っていますが、人権のための専門機関という訳ではありません。そのために、国内で人権の実現を推進し、モニタリング（監視）し、人権侵害を救済するための人権の専門機関が必要になるのです。国連は、人権条約を作り、条約監視機関（委員会）が、条約に入った国による条約の実施状況を監視する仕組みを作りましたが、各国が国内で人権の実現を推進するための仕組みとして、こうした国内人権機関というものが必要であると考えるに至るのです。そこで、専門家が1991年にパリに集まり、国内人権機関とはどういうものであるべきかを議論してまとめたものが、パリ原則と呼ばれるものです。パリ原則は、1993年の国連総会決議で承認され、国連の原則となりました。

　国連・子どもの権利委員会は、2002年に、子どもの権利の実現のためには、独立した国内人権機関が必要であると言いました。現在、子どもの権利委員会は、特に、各国に対して、子どもの権利の監視を行う独立の機関、つまり、子どもオンブズマンや、子どもコミッショナーと呼ばれる機関を設けるように勧告しています。それは、人権一般の実現のために、独立した国内人権機関が必要ですが、さらに、議論の中で忘れられがちになり、後回しにされ、発言権も弱く、人権侵害を受けても裁判所への申立てなど、簡単にはできない子どものために特化した活動を行う人権機関が求められるからなのです。

　もうすでに、『子どもコミッショナーはなぜ必要か』という、この本の題名に、答えが出ているのではないでしょうか。日本には、まだ、国内人権機関がありません。そのために、独立した人権監視

機関のイメージがわきにくく、何か、恐ろしいものができてしまうと心配する声があるようです。ぜひ、世界中で、子どもオンブズマンや子どもコミッショナーが、子どもたちのために、どのような活動をしているかを知っていただきたいと思います。そして、日本にも子どもコミッショナーが一日も早く実現するように、応援していただきたいと思います。

国連・子どもの権利委員会委員長　大谷美紀子

＊目次

＊本書の記載において、国連は国際連合、日弁連は日本弁護士会、国連・子どもの権利
　委員会の一般的意見・総括所見における「パラ」は、「パラグラフ」の略です。

第1章
こども基本法、こども家庭庁、子どもコミッショナー

野村武司

日本弁護士連合会子どもの権利委員会幹事
東京経済大学教授

1

はじめに

2022年6月15日、第208回通常国会において、こども家庭庁設置法（令和4年法律第75号）、こども家庭庁設置法の施行に伴う関係法律の整備に関する法律（令和4年法律第76号、以下「整備法」という）、そして、こども基本法（令和4年法律第77号）が成立し、同22日公布された。施行は、2023年4月1日である。

前2法は、内閣提出のいわゆる閣法であり、国会に提出されるに当たり、2021年12月21日に、「こども政策の新たな推進体制に関する基本方針」（以下、「2021年12月21日閣議決定」という）が閣議決定されている。これに対し、こども基本法は、自民党、公明党の与党議員11名の衆議院提出にかかるいわゆる衆法であり、議員立法に当たる。国会審議においては、対案として、立憲民主党等12名が提出した子どもの最善の利益が図られるための子ども施策の総合的かつ計画的な推進に関する法律案（以下、「子ども総合基本法案」という）、日本維新の会3名が提出した子ども育成基本法案が提出

されている。

　子ども総合基本法案は、こども家庭庁に相当する子ども省の設置を提案しており、その意味で、こども家庭庁設置法、こども基本法の対案となっている。また、同法案では、後述する「子どもコミッショナー」（法律案では、「子どもの権利擁護委員会」）の設置規定があり、特色をなしていた。

　上記３法は、同時に審議され、対案否決の後、日本共産党、れいわ新撰組を除く賛成多数で可決され、「子ども基本法制」が成立した。なお、子どもコミッショナーについて、その設置は見送られたが、今後の検討課題とされ、「検討」を規定するこども基本法附則第２条の対象の一つとして意識されている（附則第２条では、「施行後５年を目途」としているが、衆参両議院の附帯決議においては、「５年を待つことなく、速やかに」とされたことも特筆されてよい）。

2
子ども基本法制成立の意義

① 国連・子どもの権利委員会からの勧告と子ども基本法制

　日本は、これまで、子どもの権利条約に基づく国連・子どもの権利委員会から５回の締約国審査（４回及び５回は合併審査）を受けており[*1]、「総括所見」として、その結果が示されている。子ども基本法制に関連することとして、①子どもの権利に関する包括的な法律を制定することが強く勧告され（パラ7）、②条約が対象とする全ての分野を包含する包括的な子ども政策の策定（パラ8）、③部門横

＊1　第１回の総括所見は、1998年６月５日に、第２回は、2004年２月26日に、第３回は、2010年６月20日に、第４・５回は、2019年３月５日に、採択または公表（配布）されている。いずれも、日弁連のウェブサイト「国際人権ライブラリー」で日本語訳を含めてみることができる。https://www.nichibenren.or.jp/activity/international/library/human_rights/child_report-1st.html

断的ならびに国、自治体レベルで行われている子ども施策を調整・評価・監視する機関（パラ 9）、④子どもからの苦情に開かれ、調査し、子どもの権利を監視する独立した機関の設置（パラ 12（a））がそれぞれ、ほぼ一貫して勧告されてきた（括弧内のパラの表示は第 4・5 回の総括所見のパラグラフ）。

　今回成立した子ども基本法制は、その内容に議論はあるとしても、子どもの権利に関する包括的な法律を制定するもので（上記①）、また、こども基本法に定めるこども施策は、子どもに関する全ての分野を包含し、こども大綱によって包括的にそれが定められることが予定されており（上記②）、さらに、文部科学行政との関係に課題は残しつつも、こども家庭庁によって横断的な調整等を行うこととされている（上記③）。

　④の子どもコミッショナー等の独立した監視機関の設置が見送られたという大きな課題を残しているが、政府が、子どもの権利条約批准当時からこれまで、日本は既に立法措置、行政措置を講じており、条約によって課される義務の履行を確保するための現行国内法の改正または新しい立法措置は必要ないとしてきた[*2]ことを考えると、大切な一歩を踏み出したと評価することができる。

② 子ども基本法制の立法事実

政治的背景

　子ども基本法制が具体的に政府の議論の俎上に上ったのは、2021 年 1 月のことである。12 月には、こども家庭庁設置法及び整備法について閣議決定がなされ、あわせて与党内で検討されていたこども基本法とともに、翌 2022 年 6 月に、子ども基本法制は成立しており、いわば、これまでの政府の立場からすると、急転直下の展開であったといえる。2021 年 1 月に、当時の菅内閣総理大臣が、施政方針演説のわかりにくさの指摘を自民党内の議員から受け、その

＊2　第 123 回国会衆議院文教委員会議録第 7 号 20 頁（2022 年 6 月 3 日）

際に、示された「縦割りと多重行政を廃し、一貫した行政の司令塔が必要です。少子化対策の目玉として国民にダイレクトで強力なメッセージが伝わる」との進言及び「こども庁」創設の案に、官邸が応じたことに始まるとされている[*3]。

　菅内閣は、子どもに関する施策が多岐にわたり、担当する省庁も複数にまたがっている状況を踏まえ、「子供たちのために何が必要であるのか、そうした視点に立って、縦割りを打破して組織の在り方をもう一度抜本から考えていく、このことも必要だ」との認識を示し[*4]、2021年6月18日に閣議決定された「骨太の方針2021」において、「困難を抱える子供への支援等が抜け落ちることのないような体制を構築することとし、こうした機能を有する行政組織を創設する」ということが織り込まれた。同年10月に発足した岸田内閣は、これを受ける形で、年末までに基本方針を決定し、2022年の通常国会で、法案を提出するとのスケジュールを示した。

....

[*3]　NHK政治マガジン・サイト、2021年5月19日の記事。https://www.nhk.or.jp/politics/articles/feature/60481.html
　もっとも、政治日程としては、この通りと思われるが、子どもの権利条約総合研究所、子どもの権利条約ネットワーク、国際子ども権利センター(C-Rights)をはじめ、ACE、CAPセンター・JAPAN、特定非営利活動法人子どもと文化全国フォーラム、子どもの遊ぶ権利のための国際協会(IPA)、セーブ・ザ・チルドレン・ジャパン(SCJ)、TOKYO PLAY、PIECES、フリー・ザ・チルドレン・ジャパン(FTCJ)、ワールド・ビジョン・ジャパン(WVJ)の国内12団体を実行委員団体とする「広げよう！子どもの権利条約キャンペーン」が、国連・子どもの権利委員会による第4・5回審査が行われた2019年に、子どもの権利条約採択30周年、日本の条約批准25周年を機に開始され、キャンペーンに参加している団体が共同、またはそれぞれに条約のキャンペーンを展開していた。こうした中で、子どもの権利基本法の提案や、議論がなされ、超党派の国会議員が参加するイベントなどが院内集会としても開催されている。また、日本財団は、2019年10月に、子どもの権利を保障する法律（仮称：子ども基本法）および制度に関する研究会（座長：奥山眞紀子）を立ち上げ、2020年9月に、子ども基本法案とともに、「提言書」を公表しており（https://kodomokihonhou.jp/about/img/teigensho.pdf）、日弁連も、子どもの権利委員会・子どもの権利基本法PTを立ち上げ、2021年9月に、かねてより検討していた子どもの権利基本法案とともに、同法の制定を求める提言を行っている（https://www.nichibenren.or.jp/library/pdf/document/opinion/2021/210917.pdf）。こうした動きが、政治日程とどのように関連したかは必ずしも明らかではないが、社会全体から見ると、機は熟しており、決して唐突だったわけではない。
[*4]　第204回国会参議院決算委員会会議録第1号11頁（2021年4月5日）・菅内閣総理大臣答弁。

　その後、自民党内での勉強会が行われ与党の動きを牽引するとともに、9月7日に発足したこども政策の推進に係る有識者会議（以下、「有識者会議」という）において検討がなされ、11月29日には、報告書が提出されている。報告書では、こども政策の基本理念が示されるとともに、「こども基本法」の制定等について検討する必要が指摘されている。そして、有識者会議の報告書を踏まえる形で、12月21日に、「こども政策の新たな推進体制に関する基本方針」が閣議決定され、上述の通り、2022年6月15日、第208回通常国会において子ども基本法制が成立した[*5]。

　なお、「こども家庭庁」の名称について、当初、「こども庁」とされていたが、「子供の健やかな成長にとって、家庭における子育てを社会全体でしっかりと支えることが子供の幸せにつながるとの考え」から「こども家庭庁」としたとのの政府説明がなされている[*6]。

立法事実

　◉立法事実の重要性　国連・子どもの権利委員会は、各国の締約国審査において、あらゆる国に対して、前述の①〜④の意味での子ども基本法制を、締約国のいわば「標準装備」として求めている。子どもの権利の保障と促進において、子どもの権利への理解とともに、締約国が取り組む際の根拠となる法律としくみが不可欠であるからに他ならない。その意味では、これまでかかる「標準装備」を持ってこなかったわが国にとって、かかる国際的認識や動向は法律制定の一つの立法事実であることに間違いはない。

　また、同委員会が示す各締約国に向けた総括所見は、子どもの権利条約が採用する報告審査制度のプロセスから見ても、その国の子

＊5　以上の記述について、衆議院調査局内閣調査室「こども家庭庁設置法案（内閣提出第38号）こども家庭庁設置法の施行に伴う関係法律の整備に関する法律案（内閣提出第39号）に関する資料」（第208国会衆議院内閣委員会参考資料）51-52頁。
＊6　第208回国会衆議院内閣委員会会議録第2号13頁（2022年2月4日）・野田国務大臣答弁。

どもの権利状況を包括的に踏まえたものとなっており、その意味で、そこで指摘されていることがらは立法事実を把握する上で重要なものであるといえる。特に、毎回または複数回の総括所見で、繰り返し指摘されている事柄は、取り組みがなされていなかったり、その効果が十分でなかったりする事柄であり、特に留意する必要がある。

　総括所見での指摘事項は、ここで詳しく触れることはしないが、これらを念頭に置いた上で、今回成立した子ども基本法制の立法事実について、どのように認識されていたのかについて確認をしておく。言うまでもなく、法律案の提出までに、注3で述べたように、市民社会において、「広げよう！子どもの権利条約キャンペーン」などが展開されており、それぞれに提起されている子どもの権利状況や問題・課題を踏まえる必要があるが、他方で、提出された法律案において、立法事実がどのように整理されていたかは今後の「こども施策」の展開を考える上で重要であることから、以下、見ておくこととする。

●**子ども基本法制制定と立法事実**　子ども基本法制の国会提出に向けて、自民党内での勉強会では、子どもの現状把握に多くの時間を費やしたと聞いている。他方、こども家庭庁設置法及び整備法について、衆議院調査局内閣調査室が作成した資料が公表され、法律案提出の背景として、立法事実がまとめられている[7]。

　これによれば、「こどもと家庭をめぐる現状」として、出生数と合計特殊出生数の減少と低水準での推移が示され、（少子化に影響を与えた、または少子化対策としての）幼児教育・保育施設と待機児童の問題が挙げられている。女性の就業者数の増加に比例した共働き家庭の増加の中、保育施設の需要と幼稚園での定員割れの現状、待機児童が上昇することに応じた待機児童対策と待機児童の推移などが記述されている。さらに、学童保育をめぐる状況が述べられ、共

---

[7]　前掲注[6]、5-50頁。

018

働き家庭等の小学生に対する対策と学童保育の待機児童の状況が示されており、「少子化」が最重要の政策課題として意識されていることがわかる。

　こうした現状に対する施策として、①少子化社会対策基本法に基づく4次にわたる少子化社会対策大綱、次世代育成支援対策推進法に基づく行動計画が紹介され、具体的な制度として、②児童手当の拡充、幼児教育・保育施設等に関する制度、地域子ども・子育て支援事業等の子ども・子育て支援新制度、③新子育て安心プランによる待機児童対策、④児童館、放課後児童健全育成事業（放課後児童クラブ）を内容とする児童健全育成施策が示されている。

　また、これらに対応する国の組織として、それぞれ、施策に応じて、内閣官房（犯罪から子供を守るための対策に関する関係省庁連絡会議）、内閣府（少子化対策、子ども・子育て支援法に基づく給付等の実施を所掌する子ども・子育て本部、子供の貧困対策に係る子供の貧困対策会議、子供・若者育成支援に係る子ども・若者育成支援推進本部）、厚生労働省（児童虐待防止対策に関する関係府省庁連絡会議）、文部科学省、国家公安委員会・警察庁（児童の性的搾取等に係る対策に関する関係府省庁連絡会議）、消費者庁（子供の事故防止に関する関係府省庁連絡会議）が所管しているとする。

　その上で、各施策について、①幼児教育・保育施設等（幼稚園、保育所、認定子ども園、地域型保育事業、認可外保育施設と、幼保一元の議論を含むこれらに関する沿革）、②こどもの貧困（現状、子どもの貧困対策、ひとり親家庭の支援）、③児童虐待（現状、要対協・市区町村子ども家庭総合支援拠点・児童相談所等の防止のための取り組み、虐待を受けた子どもの自立支援）、④いじめ等（現状、不登校、自殺、いじめ防止対策）、⑤障害児（現状、サービス、特別児童扶養手当、障害児福祉手当）、⑥その他として、子供・若者支援、青少年インターネット環境整備の推進、こどもの性被害に係る対策、母子保健、社会的養護が挙げられている。

　さらに、子どもの権利に関する動きとして、ジュネーブ宣言に始

まり子どもの権利条約にいたる国際的取り決めが紹介され、子ども
の権利条約の批准、国内法の整備（子ども・若者育成支援推進法、児
童福祉法の改正、さらに、川崎市子どもの権利に関する条例など自治体
の子どもの権利に関する条例の制定）、そして、第4・5回の国連・子
どもの権利委員会の総括所見が取り上げられ、「締約国が、児童の
権利に関する包括的な法律を採択し、また既存の法令を本条約の原
則及び規定と完全に調和させるための措置をとるよう、強く勧告す
る。」とされた点が紹介されている。

　いずれにせよ、以上の事実は、子ども基本法制、とりわけ、こど
も家庭庁設置法及び整備法の制定に向けて整理された（または意図
された）もので、少子化対策を大きな柱とし、「こどもの権利に関
する動き」の部分は別として、いわば「対策」と言い替えてもよい
問題が多く立法事実として挙げられているのが特徴である。もちろ
ん、これらも立法事実であることに違いはないが、市民社会が提起
してきた子どもの権利の保障と促進という立法事実との間に齟齬が
あることを意識しておく必要があり、また今後のこども施策の展開
において、何を問題として展開する施策か、または施策として問題
がないか、欠落がないかなど、注視する必要がある。

3
子ども基本法制

① 基本的考え方

目的

　こども基本法は、目的を定める第1条で、「日本国憲法及び児童
の権利に関する条約の精神にのっとり、[…] こども施策に関し、
基本理念を定め、国の責務等を明らかにし、及びこども施策の基本
となる事項を定めるとともに、[…] こども施策を総合的に推進す

ることを目的とする。」としている。

　省略した部分では、例えば、「次代の社会を担う全てのこども」という表現がある[*8]。しばしばみられる表現であり、確かに子どもは、総体として、次代を担う存在でもある。しかし、現実には、家庭も含めておとなの期待する社会への馴化の圧力として子どもの負担になることがあり、また、子どもにとって、「今」を大切なこととして、その時点その時点の発達保障が何よりも大切であることを踏まえると、こうした定型句には慎重でありたい。

　その他、「権利の擁護が図られ、将来にわたって幸福な生活を送ることができる社会の実現」についても、「擁護」という用語の選択以外にも、「保障」、「促進」あるいは「保障及び促進」という選択もありえたはずである。「権利擁護」という用語法もしばしば用いられるが、「擁護」に接続する「権利」の概念は限定的で、また権利侵害からの保護のみの意とすれば、例えば、一般に知られている子どもの権利を、Survival（生きる権利）、Development（育つ権利）、Participation（参加する権利）[*9]、Protection（守られる権利）と捉え

....

*8　第1条は次のとおりである。「この法律は、日本国憲法及び児童の権利に関する条約の精神にのっとり、次代の社会を担う全てのこどもが、生涯にわたる人格形成の基礎を築き、自立した個人としてひとしく健やかに成長することができ、心身の状況、置かれている環境等にかかわらず、その権利の擁護が図られ、将来にわたって幸福な生活を送ることができる社会の実現を目指して、社会全体としてこども施策に取り組むことができるよう、こども施策に関し、基本理念を定め、国の責務等を明らかにし、及びこども施策の基本となる事項を定めるとともに、こども政策推進会議を設置すること等により、こども施策を総合的に推進することを目的とする。」

*9　この分類は、日本では、日本ユニセフ協会が用いているもので、イギリスのユニセフの分類が元になっているとされる。ただし、子どもの権利条約の子どもの権利をこうした4つの権利に分類することには疑問がある。スコットランドの子どもコミッショナーはこの分類を用いて子どもに子どもの権利を広報をしているが、それぞれの説明が日本のそれと異なっている点には留意する必要がある。とりわけ、「参加する権利」について、「参加」という用語をもって説明してしまうことが、この権利を誤解させることは否めない。例えば、スコットランドの子どもコミッショナーは、この権利について、「あなたは自分がどんな気持ちであるかを言い、聴かれ、そして真剣に受け止められる権利があります。（You have a right to say how feel, be listened to, and taken seriously）」との説明をしており、「参加」という日本語のニュアンス以上の内容があることを示している（ちなみに日本ユニセフ協会は、条約の権利の分類を意識してのことと思われるが、この権利を「自由に意見を表したり、団体を作ったりできること」としている）。

る考え方からしても限定されたものになっている点は気になる点である。

　以上の細部の問題は指摘できるが、冒頭引用した「児童の権利に関する条約の精神にのっとり」以下の条文の枠組みは、目的としてふさわしいものであり評価することができる。

基本理念

　こども基本法は、上記の通り、こども施策に関する基本理念を定めるものである。こども施策を総合的に推進することを目的とする子ども基本法制において、基本理念がどのように規定されるかは、重大な関心事である。また、後述するこども家庭庁も、基本理念という柱があって初めて、バラバラに実施されていたこども施策を、単なる寄せ集めではなく、子どもの権利に資するものとして所管することができることになる。

　ところで、子どもの権利を理念として総じて表す方法として、子どもの権利条約の一般原則を示すやり方がある。国連・子どもの権利委員会の第1会期で、「条約第44条第1項 (a) に基づいて締約国によって提出される最初の報告の形式および内容に関するガイドライン」が採択され（1991年10月15日）、一般原則（General principles）はその中で示されている。①差別の禁止（Non-discrimination（art. 2））、②子どもの最善の利益（Best interests of the child（art. 3））、③生命、生存、発達の権利（The right to life, survival and development（art. 6））、④子どもの意見の尊重（Respect for the views of the child（art. 12））の4つである。

　この4つの一般原則は、2009年に制定された子ども・若者育成支援法、2016年に改正された児童福祉法において、前者であれば第2条の基本理念において、後者であれば、第1章の総則の第1条及び第2条に織り込まれる形で規定されているが、同様のやり方で、こども基本法では、第3条で織り込まれることとなった。第3条第1号で、差別的取扱いの禁止を、第2号で、生命、生存、発達

の権利を、第 3 号及び第 4 号で、こどもの意見の尊重を、重複する
が、第 4 号で、こどもの最善の利益の尊重が優先した考慮という形
で織り込まれている。基本理念は、第 3 条の本文で、「こども施策
は、次に掲げる事項を基本理念として行われなければならない。」
とするもので、こども施策を担うこども家庭庁設置法で十分な規定
ぶりになっていないが、こども基本法において、子どもの権利保障
を基盤としたこども施策の実施の基本理念として位置づけられてい
る点は重要である。なお、関連して、こども基本法第 11 条で、「こ
ども施策の策定、実施、評価に当たってはこどもの意見を反映させ
る措置を講じなければならない。」としている点にも留意しておき
たい。今後、自治体の子ども施策を含めて大きな影響をもつ規定で
ある。

　ところで、子ども基本法制、といわけ政府提案のこども家庭庁設
置法の提案にかかる 2021 年 12 月 21 日閣議決定のサブタイトルと
して、「こどもまんなか社会」との用語が用いられ、同法案の理由
を説明するに際にも、「こどもまんなか社会」という表現がしばし
ば使われている。この点について、2022 年 4 月 22 日の衆議院内閣
委員会において、「こどもまんなか社会」とは何かとの質問に対し
て、担当の野田国務大臣が、「こどもまんなか社会とは、常に子供
の最善の利益を第一に考えて、子供に関する取組、政策が我が国社
会の真ん中に据えられる社会のことであります。子供が保護者や社
会の支えを受けながら自立した個人として自己を確立していく主
体、言い換えれば、権利の主体であることを社会全体で認識するこ
と、そして、保護すべきところは保護しつつ、子供の意見を年齢、
発達段階に応じて尊重し、そして、子供の権利を保障し、子供を誰
一人取り残さず、健やかな成長を後押しする、そんな社会であると
考えています。」としており、子どもの権利について言及し答弁し
たことは銘記されてよい[10]。

----

[10]　第 208 回国会衆議院内閣委員会会議録（2022 年 4 月 22 日）・野田国務大臣答弁。

子どもの定義

　子どもの定義について、こども基本法及びこども家庭庁設置法は、「こども」という表記を使い、年齢で定義せず、「心身の発達の過程にある者」とした点は大きな特徴となっている。「こども」には、「子ども」または「子供」、さらに、政府が条約を児童の権利条約としたように「児童」との表記、さらにより高い年齢の者を含む表現として、「青少年」「若者」もあり、「子供」の表記をめぐっていろいろと解釈する向きがある。

　子どもを年齢によらない定義にしたことは、公職選挙法の選挙年齢（議論の始まりは、憲法改正のための国民投票法にある）、さらに少年法、民法の成人年齢の改正において、18歳という年齢に合わせていく傾向の中、異質の規定であったといえる。青少年、さらにポスト青年期を含むと39歳くらいまでを若者としてカバーする子ども・若者育成支援法をこども家庭庁の所管とし、子どもから若者への連続性と課題の共通性から、「若者」を「子ども」と区別することを避けたとみることもできよう。

　「こども」の表記については、閣議決定（2021年12月21日「こども政策の新たな推進体制に関する基本方針」）では、「大人として円滑な社会生活を送ることができるようになるまでの成長の過程にある者」とした上で、「法令において年少者や若年者を表すものとして「子ども」「児童」「青少年」といった語が使われているが、その定義や対象年齢は各法令により様々であり、また、特段の定義が法令上なされていないものもある。こうしたことを踏まえ、また、当事者であるこどもにとってわかりやすく示すという観点から、ここでは、「こども」の表記を用いる。」としている。

　もともと子どもを表す表記は、伝統的には、「子女」であったが、子どもの発達の科学である教育学の分野で「子ども」の表記が使われており、法律の分野でも、教育裁判を通じて変遷してきている。判決において、「子女」と表記することを通例としていたものが、「子供」に変わり、最高裁でも、「子ども」の表記が採用される

こととなった。こうしたことを背景として、1994 年の条約を批准するに際して、政府が「児童の権利条約」と訳したのに対して、「子どもの権利条約」とすべきとの議論がなされている。最終的には、政府訳として「児童の権利条約」とされたが、それは（正文は国連公用語であるという意味で、政府解釈に基づく）政府訳に過ぎず、「子どもの権利条約」とする例が多くみられた。特に、法律の世界では、「児童」は、児童福祉法上、18 歳未満の者として条約との整合性はとれているが、当事者である子どもたちは、「児童」とは、学校教育法上の用語法として、生徒と区別される小学生のことと理解するのが通例で、その結果、政府も、「本条約についての教育指導に当たっては、「児童」のみならず「子ども」という語を適宜使用することも考えられること。」（文初高第 149 号平成 6 年 5 月20 日）との通知を出すに至っている。

　その後の子ども・若者育成支援法で、「子ども」という表記を採用している以上、「子ども」で統一していくのが自然の流れであったはずであるが、近年では、「こども」の表記も多く見られる。「こども」という表記は、もともと国民の祝日に関する法律の「こどもの日」で古くから使われている表記でもあり、その意味で、上記閣議決定において、「当事者であるこどもにとってわかりやすく示す」ともいえるが、本当のところは、「子ども」という表記に対して、「子供」という表記を主張する論者の埋めがたい思想が背景にあるため、ひらがなとして表記するということにしたというのが正確なところであろう。

② こども基本法

こども施策が重要である

　こども基本法は、「こども施策に関し、基本理念を定め、［…］こども施策の基本となる事項を定めるとともに、［…］こども施策を総合的に推進することを目的」としている（第 1 条）。「こどもの権利擁護が図られ、将来にわたって幸福な生活を送ることができる社

会」を実現するためには、「こども施策」をキーワードとして、社会全体としてこれに取り組むことが重要であるとの考えに基づいている。

そして、子どもに関わる者の責務として、国は、「基本理念にのっとり、こども施策を総合的に策定し、実施する責務を有する」（第4条）とし、自治体は、「基本理念にのっとり、こども施策に関し、国等と連携を図りつつ、地域の実情に応じた施策を策定し、実施する責務を有する」（第5条）とし、事業者は、「基本理念にのっとり、雇用環境の整備に努める」（第6条）とし、さらに、国民は、基本理念にのっとり、こども施策に関心と理解、協力に努める」（第7条）としている。

ここでいう「こども施策」とは、「こどもに関する施策及びこれと一体的に講ずべき施策」（第2条第2項）とした上で、例示として、①新生児期、乳幼児期、学童期及び思春期の各段階を経て、おとなになるまでの心身の発達の過程を通じて切れ目なく行われるこどもの健やかな成長に対する支援（同第1号）、②子育てに伴う喜びを実感できる社会の実現に資するため、就労、結婚、妊娠、出産、育児等の各段階に応じて行われる支援（同第2号）、③家庭における養育環境その他のこどもの養育環境の整備（同第3号）が挙げられている。

ここで留意しておきたいが、この規定による限り、①第1号において、学校教育もまたこども施策に含まれるとみるのが正しい。学校教育のほとんどの部分について、後述のこども家庭庁の所掌からはずされ、そのことが議論を呼んでいるが、少なくともこの第1号の規定による限り、こども施策から、学校教育が外れているとみることはできない。学校教育がこども家庭庁の所掌から外れたことで、教育現場に、子ども基本法制の影響はないものと理解されている節があるが、こども基本法は、学校教育をこども施策として含んでおり、学校教育もまた、他のこども施策と同様、基本理念の下に置かれることは明らかである。「こども施策の策定、実施、評価に

当たってはこどもの意見を反映させる措置を講じなければならない。」（第11条）との規定も学校教育で実施されなければならず、その他、校則の問題などをはじめとして、学校現場で子どもの権利に関連することは多く、文部科学省が責任を持って、基本理念に従った改革を行っていくことが求められる。

こども施策を総合的に推進するための計画

●**こども大綱**　こども基本法は、こども施策を総合的に推進するために「こども大綱」を定めることを義務づけている（第9条）。「子ども基本計画」との名称にすべきであったと思われるが、それはともかく、こども大綱に定める事項としては、①こども施策に関する基本的な方針、②こども施策に関する重要事項、③こども施策を推進するために必要な事項が挙げられており、実際にどのような内容が、どのように、どの程度定められるかが、こども施策の質を決めることになるだけに重要となってくる。

　整備法の制定にあたり、子どもに関わる法制度が精査されたと思われるが、これら（またはこれらに基づく事務および事業）を寄せ集めただけでは、子ども基本計画たる「こども大綱」にふさわしくない。先に述べられた「こどもまんなか社会＝子どもを権利の主体として、その権利を保障し、子どもを誰一人取り残さず、健やかな成長を後押しする社会」を実現するために、基本理念に基づいて、法律の枠組みを超えて（あるいはそれにとらわれず）、「子どもの権利の保障（擁護、促進）にとっていかに位置づけられるか」という観点から整理をしていく必要がある。こども家庭庁に権限を移すことで「省庁縦割り」は解消するかもしれないが、法律を寄せ集めただけの権限移譲では、「法律縦割り」が維持されることになるということには留意すべきである。

　なお、その点で言うと、こども大綱を定める第9条第3項で、「一 少子化社会対策基本法第七条第一項に規定する総合的かつ長期的な少子化に対処するための施策、二 子ども・若者育成支援推進法第

八条第二項各号に掲げる事項、三 子どもの貧困対策の推進に関する法律第八条第二項各号に掲げる事項」を含むものでなければならないとしているのは、法律縦割りの発想の残余にもみえ、これらがこども大綱に定められることは重要であるとしても、必ずしも一つのまとまりとして定められることを意味するものでないことは銘記されるべきである。

◉**地方子ども計画**　日本の法体系では、子ども施策のほとんどが法律に定めがある一方で、その実施の権限はほとんどが自治体、とりわけ区市町村の権限とされている。その意味で、こども大綱が重要であるとしても、区市町村での子どもの権利保障を踏まえた子ども施策の総合的な実施が前提となってくる。これまで、自治体では、総合行政が大切だといわれながら、結局のところ、法律を実施するために、省庁に対応する形で編成された行政組織を通じて、法律ごとの論理で縦割りに、その権限をそれぞれに実施してきたというのが実情である。しかも、法律は、ある意味無責任に何の調整もなく、施策の計画的な実施の必要性を根拠に、法律ごとに計画を義務づけている（努力義務での義務づけ及び策定計画の公表の義務づけを含む）。その結果、真面目な自治体ほど、子ども施策について、各法律が求めるままに、それぞれの法律の論理で計画を作って[*11]、これを実施しているのである。これでは、いくら総合行政が必要だと思っていても、総合行政にならないのは当然である。

....

[*11]　例えば、子ども・子育て支援法第 61 条に基づく「子ども・子育て支援事業計画」、次世代育成支援対策推進法第 8 条に基づく「次世代育成支援行動計画」、子どもの貧困対策の推進に関する法律第 9 条に基づく「子どもの貧困対策についての計画」、母子及び父子並びに寡婦福祉法第 12 条に基づく「自立促進計画」、児童福祉法第 33 の 20 条に基づく「障害児福祉計画」、再犯の防止等の推進に関する法律第 8 条に基づく「再犯防止推進計画」、平成 24 年の厚生労働省雇用均等・児童家庭局長通知に基づく「社会的養護推進計画」等、そして、「子ども・若者育成支援計画」である。これらは重なり合う部分もあり、しかも、国では所管する部署が異なるとしても自治体ではほぼ同じ部署が、しかも数名の職員で、これを担っているというのが現状である。この点については、すでに、地方分権の観点から問題にされている（地方分権改革有識者会議・提案募集検討専門部会の第 108 回部会（2022 年 8 月 5 日）内閣府ウェブサイト https://www.cao.go.jp/bunken-suishin/kaigi/kaigikaisai/kaigikaisai-index.html）。

　こども基本法では、第10条第1項で、都道府県こども計画について、第2項で、市町村こども計画について、努力義務の規定を置き「定めるよう努めるものとする」としているものの（定めた場合の公表は義務づけ）、以上のような点を踏まえたものと思われるが、自治体子ども計画は、法令の規定により自治体が作成するこども施策に関する計画と「一体のものとして作成することができる」との規定を置いている。もともと、努力義務とされていた計画を一体として作成することが妨げられていたわけではないが、「真面目な自治体」ほど、それぞれに作成しなければならないと考える傾向にあり、この規定が置かれたことの意味は大きい。先進的または先行的に計画を一本にした自治体としては、例えば、豊島区の「豊島区子ども・若者総合計画」がある。豊島区子どもの権利に関する条例第30条の「子どもの権利推進計画」を、次世代育成支援対策推進法に基づく行動計画、子ども・子育て支援法第61条に基づく「子ども・子育て支援事業計画」、子ども・若者育成支援推進法第9条に基づく「子ども・若者計画」、子どもの貧困対策の推進に関する法律第9条に基づく「子どもの貧困対策についての計画」と、各計画を一体として策定したもので、計画の検証の在り方（PDCAサイクル）を含めて、今後の市町村子ども計画のモデルとなるものである。自治体で、こども基本法に応じて、子どもの権利条例を作ることは積極的に考えるべきであるが、その条例で、こども基本法に基づく「自治体子ども計画」であることを位置づけるなどして、法律の都合で多岐にわたっていた子ども施策に関する計画を、子どもの権利保障の観点から一本にすることが求められる。

●**こども政策推進会議**　こども政策推進会議は、こども基本法第17条第1項を根拠として、こども家庭庁の特別の機関として設置されるもので、会長を内閣総理大臣とし、担当国務大臣をメンバーに含む組織である。関係行政機関の長に対し、資料の提出、意見の開陳、説明その他必要な協力を求めることができる等の権限を持ち（第19条）、①こども大綱の案を作成すること、②こども施策に関

する重要事項について審議し、及びこども施策の実施を推進すること、③こども施策について必要な関係行政機関相互の調整をすること等を所掌する（第17条第2項）、重要な組織として位置づけられている。

こども大綱を作成するに当たり、「こども及びこどもを養育する者、学識経験者、地域においてこどもに関する支援を行う民間団体その他の関係者の意見を反映させるために必要な措置を講ずるものとする」（第17条第3項）として、子どもの意見等の反映のための重要な規定が置かれているが、他方で、こども大綱に基づくこども施策の推進について検証をすることが予定されておらず、その他の規定も含め、こども基本法において、PDCAサイクルを予定していない点が課題である[*12]。

③ こども家庭庁

こども家庭庁設置の意義

●**こども家庭庁の設置はなぜ重要か**　こども基本法制の制定に当たって、政府は、上記項目でみたように、実体法としてのこども基本法ではなく、「司令塔」としてのこども家庭庁（当初は、こども庁）の設置（組織法）にむしろ力を入れていた。とはいえ、また政治的意図はともかくとして、部門横断的ならびに国、自治体レベルで行われている子ども施策を調整・評価・監視する機関の設置は、国連・子どもの権利委員会から一貫して勧告されてきたものであり、その意味で、その設置の意義は大きい。

さらに、子どもに関係する施策は、現状、根拠法律が多岐にわたり、それぞれに行われているという意味で、「法律ごとの縦割り」であり、また、所管する省庁ごとにそれがなされるという意味で、

----

*12　また、こども家庭庁の設置を決定した2021年12月21日の閣議決定において、「データ・統計を活用したエビデンスに基づく政策立案、PDCAサイクル（評価・改善）」の項目が設けられているが（5頁）、データ等を活用して、エビデンスに基づき、「多面的に立案し、評価し、改善してく」との表現にとどまっており、PDCAサイクルの内容を示したものとなっていない。

「省庁の縦割り」で行われている。その結果として、自治体では、法律ごとの「枠」が掛かった形になっており、逆に、総合行政をすることができず、国の在り方が、いわば雁字搦めに、そのまま自治体に反映してしまっているというのが実情である[*13]。子ども施策が自治体において行われるというわが国の法体系からすると、むしろ、自治体において、法律ごとに、また、省庁ごとに分断させず、財政措置を含めて自治体の総合力を発揮できるようにすることが、何よりも大切である。その意味で、こども家庭庁を設置し、法律ごと、省庁ごとにバラバラに行われていた権限を整備法とともに、同庁に移管することはまずはとても重要なことである[*14]。

　ただし、権限がこども家庭庁に単に寄せ集められただけでは、「省庁の縦割り」は解消するかもしれないが、相変わらず、「法律ごとの縦割り」は維持されたままであり、問題は解決しない。こども家庭庁が所掌するのは、こども施策であることを踏まえ、法律ごとの論理を廃し、こども基本法第3条で定める「基本理念」に基づくこども施策として（＝こども基本法の論理として）、行われているかどうかが重要な点である。

●こども家庭庁と教育　また、2021年12月21日の閣議決定において、「教育については文部科学省の下でこれまでどおりその充実を図り、こども家庭庁は全てのこどもの健やかな成長を保障する観

[*13]　この点は、最近一部の自治体で工夫されるようになってきているとはいえ、自治体の行政組織が、法律ごとに編制されている国の省庁・行政組織に倣ったものになっている、また、そうならざるを得ない点にも問題がある。

[*14]　厳密に言うと、移管、共管、関与というかたちで整理されている。2021年12月21日の閣議決定では、「法律の目的が、主として、こどもの権利利益の擁護、福祉の増進、保健の向上、その他のこどもの健やかな成長及びこどものある家庭の子育てに対する支援を行うものについては、こども家庭庁に移管する。こどもやこどものある家庭に関する部分とそれ以外の者に関する部分とを切り分けて事務を執行することが可能であるもの、また、法律の目的がこども又はこどものある家庭を対象としているが、権利利益の擁護、福祉の増進、保健の向上、その他のこどもの健やかな成長及びこどものある家庭における子育てに対する支援とそれ以外の政策分野を含んでいるものについては、関係府省庁で共管する。国民全体の教育の振興、雇用の確保や環境整備、福祉の増進、保健の向上等を目的とするものについては、関係府省庁の所管としつつ、個別作用法に具体的な関与を規定するほか、こどもの視点から総合調整を行う。」（8頁）とし、別表で示され、整備法に反映されている。

点から必要な関与を行う」（5頁）とされており、とりわけ学校教育の中心的な部分について、こども基本法が定めるこども施策には含まれているものの、その所管として、整備法においても、その多くについて、こども家庭庁の権限とはならなかった。この点について多くの指摘がなされ、参議院で、「こどもの教育に関しては、こども施策に関する総合調整機能を担うこども家庭庁と教育行政をつかさどる文部科学省との緊密な連携の確保を図ること。」との附帯決議がなされている（参議院内閣委員会 2022 年 6 月 14 日附帯決議第 2 号）。

　ただし、問題は単純ではなく、元来、教育行政は、その専門性、政治的中立性から一般行政から独立させ、さらに、教育の内容にかかる教育の内的事項と、教育の条件整備にかかる教育の外的事項に分け、教育行政は、もっぱら教育の外的事項に関わるとともに、教育の内的事項については、指導・助言にとどまるものとされてきた。ただし、現実には、国の教育行政を担う文部科学省が、学習指導要領を通じて教育内容に深く関与し、教育行政を一般行政として独立させたことで、国において他の省庁の関与を許さず（もっとも、省庁の権益について他の省庁の関与を許さないのは文部科学省に限ったことではない）、自治体との関係でも、教育の地方自治という理念がありつつも、かえって、文部科学省と自治体の教育委員会の直接のルートが通例化して、文部科学省の自治体への関与も強まることになっている。

　文部科学省の権限をこども家庭庁に移管することは、教育行政を一般行政とすることを意味し、教育内容に関わる事柄について、現状のまま移管することは、一般行政による行政的教育内容への関与の強化につながる。学校教育は、学齢期の子どもが多くの時間を過ごすところでもあり、担任する省庁の在り方についても慎重に検討する必要がある。ただし、学校教育において、子どもの権利保障が後手後手にしか対応し切れていない現状がある。また、子どもの権利の擁護、保障、普及・啓発を含む促進は、学校教育を通じてこそ

よりよくできることもまた事実である。こうした点を踏まえ、また、学校教育もまたこども基本法のこども施策の一つであることを踏まえて、基本理念の下、5 年後の見直しも視野によりよい制度設計をしていくことが望まれる。

こども家庭庁の組織と権限

◉**「庁」としての位置づけ**　こども家庭庁は、こども施策がそれぞれ別々に担われてきたことに対して[*15]、教育、福祉、保健、医療、矯正、更生保護、雇用等の分野を超えて、行政各部の統一を図るため、こども政策を一元的に推進する「司令塔」としての役割が期待されている。こうした行政組織をどのような形で設置するかについては、「省」等も検討されたが、内閣府設置法第 49 条第 3 項に基づく、内閣府の外局としての「庁」として設置され、庁の長官には、国務大臣が充てられることとされた。

　内閣府は、内閣総理大臣の下に置かれる行政組織である。1998 年の中央省庁等改革基本法以降の内閣機能の強化を目指した中央省庁の再編の中で、行政各部中心の分担管理原則が時代に適合していないということから、内閣総理大臣の機能強化の観点から設けられたもので、国政上重要な具体的事項に関する企画立案及び総合調整を行う組織として位置づけられている[*16]。こども家庭庁は、そこに置かれる外局、しかも国務大臣をもって充てられるということであるので、庁ではあるが、内閣府を通じて省が担う権限についても総合調整を行う機能が期待されるという意味で、位置づけとしては妥

* 15　2021 年 12 月 21 日の閣議決定では、これまで、①青少年の健全な育成や子どもの貧困対策については、内閣府政策統括官（政策調整担当）において、②子ども・子育て支援や少子化対策については、内閣府子ども・子育て本部において、③犯罪からこどもを守るための対策については、内閣官房において、④児童の性的搾取については、国家公安委員会及び警察庁において、⑤児童虐待については、厚生労働省において、それぞれ別々に担われてきたとし、また、こども政策に関連する大綱は別々に作成・推進され、関連する閣僚会議も別々に運営されてきたとしている。(6-7 頁)
* 16　3 条組織または機関としての性格を持つと、今でも説明されることがあるが、従来の「府、省、委員会及び庁」としていた国家行政組織法第 3 条からは切り離す形で、内閣府設置法により独立させたものであり、厳密に言うと 3 条組織ではない。

当であったと思われる。

◉**こども家庭庁の所掌**　2021年12月の21日の閣議決定において、こども家庭庁の主な事務として、①育成部門、②支援部門、③企画立案・総合調整部門に分け、①では、①－1妊娠・出産の支援、母子保健、育成医療等、①－2就学前のすべてのこどもの育ちの保障、①－3相談対応や情報提供の充実、全てのこどもの居場所づくり、①－4こどもの安全を挙げ、②では、②－1さまざまな困難を抱えるこどもや家庭に対する年齢や制度の壁を克服した切れ目のない包括的支援、②－2社会的養護の充実及び自立支援、②－3こどもの貧困対策、ひとり親家庭の支援、②─4障がい児支援を挙げ、③では、③－1こどもの視点に立った政策の企画立案・総合調整、③－2必要な支援を必要な人に届けるための情報発信や広報等、③─3データ・統計を活用したエビデンスに基づく政策立案と実践、評価、改善が挙げられていた。

　こうした整理に基づいて、こども家庭庁設置法第4条が定められ、具体的には、整備法によって、他の省からの権限の移管、他の省との共管、他の省の権限への関与が規定されることとなった。その結果、「省庁の縦割り」を、一応、解消する形を整えることとなったが、それだけで十分でないことは認識しておく必要がある。すなわち、移管、共管、関与の対象となった権限の根拠となる法律は、確かに、子どもに関する施策ということに違いはないが、それぞれ法律制定時の、それぞれの法律の論理に従って位置づけられているものである。こども施策は、こども基本法第3条に定められる事項を基本理念として行われなければならない。換言すれば、それぞれの法律の論理は、それぞれに実現する必要があるとしても、それが子どもの権利保障の論理として説明できるものでなければならないという点には留意する必要がある。「法律縦割り」を解消し、子どもの権利保障に資するこども施策として法律の運用もまた変わっていかなければならない。

◉**こども家庭庁と調整権限**　こども家庭庁は、移管された権限を行

使するとともに、行政各部の施策の統一を図るために、こども施策に関連した企画及び立案並びに総合調整に関する事務を行うとされている（こども家庭庁設置法第 4 条第 2 項及び第 3 項）。こうした所掌事務を遂行するために、「必要があると認めるときは、関係行政機関の長に対し、資料の提出、説明その他必要な協力を求めることができる」（同法第 5 条）とする点は、他の省庁等との関係で重要な規定である。「できる」との規定ではあるが、行政機関間のことであり、求められた行政機関には協力の義務があるとみるのが自然であろう。

こども家庭庁に置かれる審議会等

　こども家庭庁設置法は、第 3 章に、こども家庭庁におかれる機関の規定を置いている。同法に基づく機関としては、こども家庭審議会が（第 7 条、以下「審議会」という）、さらに、こども基本法第 17 条を根拠として、こども家庭庁設置法第 8 条の特別の機関として、こども政策推進会議（上述）が置かれることとなった。

　審議会は、内閣総理大臣の任命する委員等によって構成される審議会で、内閣総理大臣、関係各大臣またはこども家庭庁長官の諮問に応じて調査審議するほか、法律上所管する事項を処理するとされている。

　ところで、こども家庭庁設置法の制定時には（こども基本法の成立前）、こども家庭庁設置法第 8 条の特別の機関として、少子化社会対策基本法に基づく少子化社会対策会議、子ども・若者育成推進支援法に基づく子ども・若者育成支援推進本部、子どもの貧困対策の推進に関する法律に基づく子どもの貧困対策会議が挙げられていた。これらは、こども基本法の成立と同時に、特別の機関として、こども政策会議が位置づけられると共に、個別法に基づくこれら会議体は規定から削除され、あわせて、こども基本法の附則により、整備法からも削除されることとなった。

　加えて、これら会議体は、こども基本法の附則で、少子化社会対

策基本法に基づく少子化社会対策会議については附則第3条で、子ども・若者育成推進支援法に基づく子ども・若者育成支援推進本部については附則第6条で、子どもの貧困対策の推進に関する法律に基づく子どもの貧困対策会議については附則第9条で廃止されることとなり、こども家庭審議会に統合されることとなった。また、それぞれの法律に基づく大綱も附則の各条文において、こども大綱の該当事項がそれと見なされるという経過措置がとられることとなった。

こうした法律に基づく会議体は、基本的には、それぞれの法律の論理の下、審議をする機関である。省庁の縦割り、さらに法律の縦割りを解消するという観点からすると、法律の論理を持ち込むことになるという意味で、縦割り解消の阻害要因であったとみられるが、一応、整理・解消されることとなった。

4
子どもコミッショナー

① こども基本法と子どもコミッショナー

こども基本法において、またはこども基本法制において、子どもの権利が守られているかどうかを監視するための第三者機関を規定すべきであるとの意見は、各方面から寄せられていた。この間、こうした機関は、「子どもコミッショナー」として議論がなされている。例えば、2020年9月に日本財団が発表した『子どもの権利を保障する法律（仮称：子ども基本法）および制度に関する研究会提言書』の中で、子どもコミッショナーについて触れ、翌2021年11月、同財団主催、「広げよう！子どもの権利条約キャンペーン」（以下、「条約キャンペーン」という）、にっぽん子ども・子育て応援団が後援、日本ユニセフ協会が共催する形で行われた「日本子ども

フォーラム」などは、子どもコミッショナーの必要性を伝える大きなイベントとなっており[17]、与野党の国会議員も参加したパネルディスカッションも行われている。条約キャンペーンもまた、2021年4月、院内集会を開催し、「こども基本法」の制定とともに、子どもコミッショナーの設置を提言している。また、日本弁護士連合会も、「子どもの権利基本法の制定を求める提言」[18]の中で、子どもの権利擁護委員会という形でこれを提起し、こども基本法案にこれが規定されていないことについて、会長声明[19]で、子どもの権利擁護委員会の設置を求めるなどの見解を示している[20]。

　しかしながら、国会審議において、立憲民主党が子ども総合基本法案において、子どもの権利擁護委員会という形でこれを規定して提出したものの、与党提出のこども基本法案にその規定はなく、結果として、子どもコミッショナーの設置は見送られた。ただし、国会審議が十分に尽くされなかったことから、今後の検討課題とされ、検討を定めるこども基本法附則第2条[21]が定められ、今後の検討課題とされたことは留意されてよい。なお、附則第2条については、衆議院及び参議院それぞれの附帯決議で、「基本理念にのっとったこども施策の一層の推進のために必要な方策については、必要に応じ、本法の施行後5年を待つことなく、速やかに検討を加え、その結果に基づき、法制上の措置その他の必要な措置を講ずること。」とされた。

．．．

* 17　https://www.unicef.or.jp/event/report/20211120/
* 18　https://www.nichibenren.or.jp/document/opinion/year/2021/210917.html
* 19　2022年5月9日日本弁護士連合会会長声明（https://www.nichibenren.or.jp/document/statement/year/2022/220509.html）
* 20　以上の動きについて、参照、竹内健太「子どもの権利に関する基本法の制定に向けた動き」参議院常任委員会調査室・特別調査室『立法と調査』No.44（2021年11月）、29頁。
* 21　こども基本法附則第2条の規定は次の通り。「国は、この法律の施行後五年を目途として、この法律の施行の状況及びこども施策の実施の状況を勘案し、こども施策が基本理念にのっとって実施されているかどうか等の観点からその実態を把握し及び公正かつ適切に評価する仕組みの整備その他の基本理念にのっとったこども施策の一層の推進のために必要な方策について検討を加え、その結果に基づき、法制上の措置その他の必要な措置を講ずるものとする。」

② 子どもコミッショナーとは何か

　ここで、子どもコミッショナーとは何かについて触れておきたい。子どもコミッショナーという呼称は、歴史的に、概して、英米系の国で使われている呼称であり、ヨーロッパ大陸系の国では子どもオンブズマンと言われることが多い。子どもの権利の観点から「監視（monitor）」をして、その「促進（promote）」と「保護（protect／safeguard）」を図ることを役割としており、子ども等からの申立てまたは子どもコミッショナーの発意でその役割を果たすものである。子どもの意見に開かれ、これに基づくことが大切であるとされている。

　例えば、北欧の子どもオンブズマンは、以上の機能を担うが、概して、基本的に個別救済までは取り扱っていない。この点は、イングランド、スコットランド、ウェールズなどのイギリスの子どもコミッショナーも同様である。ただ、英米系のアイルランドでは、子どもコミッショナーの名称ではなく、子どもオンブズマンと表記しており、子どもの権利の保護において、子ども等からの申立て（個別救済＝Dealing with complaints）を取り扱っている点に特徴がある。

　この点について、スコットランドの子どもコミッショナーのブルース・アダムソン（Bruce Adamson）氏は、コミッショナーか、オンブズマンかは歴史的な背景もあるので複雑であるとしながら、「オンブズマン・モデル」といった場合、個別救済を含むものであるとし、オンブズマンであるかどうかは、個別救済機能があるかどうかによるとしていた。こうした区分に従えば、スコットランドを含むイギリスの子どもコミッショナー及び北欧の子どもオンブズマンは、名称にかかわらず、「コミッショナー・モデル」ということになり、アイルランドの子どもオンブズマンは、「オンブズマン・モデル」ということになる（なお、以前調査した経験では、その意味で、アイスランドの子どもオンブズマンは個別救済を行っており、その

意味で、「オンブズマン・モデル」に属することになる)＊22。

　こうした機関は、子どもの権利条約の締約国のとるべき措置に含まれると考えており、約85か国＊23 が設置している。2002年の一般的意見第2号（「国内人権機関の役割」）で、その設置と運営の指針が示され、2003年の一般的意見第5号（「子どもの権利条約の実施に関する一般的措置」）においても、その設置を求めており、特に、2009年の一般的意見第12号（意見を聴かれる子どもの権利）では、条約第12条の意見を聴かれる子どもの権利が課す、締約国の「中核的義務（Core obligations）」のひとつとしてかかる機関の設置を挙げている。こうした機関は、子どもの思い、考え、意見（his or her own views）を届け、子どもの最善の利益を図る、またはそれを促す組織であり、かかる機関の独立性も踏まえて言うと、いわば、「政府からはちゃんとした距離感を保った子どもの代弁者」であるといってよい。

③ 子どもコミッショナーはなぜ必要か

　国連・子どもの権利委員会の一般的意見第2号は、以上のような子どもの権利の保護及び促進のための独立した機関がなぜ必要かという点について、5点ほど指摘している＊24。要約すると、子どもに対する施策が沢山あるにもかかわらず、従来のシステムでは、そ

＊22　以上について、科研費による調査（課題番号19H01658））で、2022年10月3日にアイルランド・子どもオンブズマン、10月7日にスコットランド・子どもコミッショナーのヒアリング調査を行っており、その聴き取りに基づく。なお、近隣のアジア諸国に目を向けてみると、例えば韓国、インドネシアなど、国家人権委員会が子どものセクションを設けて同様の機能を果たしており、いずれも、個別救済は行わない「コミッショナー・モデル」である。
＊23　平野裕二の調べによる（https://note.com/childrights/n/n4cf2106ff129）。
＊24　①子どもはその発達上の状態ゆえにとくに人権侵害を受けやすいこと、②子どもの意見が考慮にいれられるのはいまだに稀であること、③ほとんどの子どもは選挙権を有しておらず、人権に対する政府の対応を決める政治プロセスでも意味のある役割を果たせないこと、④子どもは、自分の権利を保護するためまたは権利侵害に対する救済を求めるために司法制度を利用するさい、相当の問題に直面すること、⑤自分の権利を保護してくれるかもしれない機関に対する子どものアクセスは一般的には限られていることの5点を挙げている（パラ5。平野裕二訳）。

れはもっぱらおとなが決めるもので、それについて子どもが意見を言う機会も、それを聞かれることもないといったことが、子どもの権利保障の在り方、さらに子どもを権利の主体と考える社会の在り方と一致しないということが背景にあり、子どもの声を届け子どもの最善の利益を確実に実現するために、子どもの意見に耳を傾け、これを受け止め、それを代弁し、子どもの最善の利益の実現に尽くす機関が必要であるという考えに基づくものである。

　また、一般的意見第5号では、こうした機関の役割として、子どものための効果的な政府の体制を補完するもので、政府の役割に取って代わるものでないとしている（パラ65）。あくまでも、子どもの権利保障を行うのは政府であり、こうした機関は、独立した立場から、子どもの声を代弁する形で、政府の決定が、子どもの権利と一致するように促し、勧告し、制度改善が図られるようにしていくということが役割であると考えられている。

　ところで、子どもの権利条約に、コミッショナーやオンブズマンといった独立の監視機関について規定がないことをもって、締約国の義務ではないとの主張がある。確かに、こうした機関の設置を義務づける規定はないが、締約国すなわち日本国政府は、条約第44条に基づく報告審査制度の下にあり、そこで指摘された事項（総括所見として示される）について、「全ての適当な立法措置、行政措置その他の措置を講ずる」（第4条）義務を有している。わが国は、1998年の第1回の総括所見以来、一貫して、独立した監視（independent monitoring）という点で、国レベルの組織がないことについて勧告がなされており、これを誠実に実施する義務を有している。なお、こども基本法附則第2条で検討課題に位置づけられたという事実にもかかわらず、国際水準に沿わない既存の組織や行政上の運用で代替させようという向きもあるが、国際的にみて極めて不誠実である[25]。

....

＊25　ちなみに、令和3年の個人情報保護法改正で、EUの一般的データ保護規制（General Data Protection Regulation（GDPR））への対応の必要性から、内閣府設置法

④ 子どもコミッショナーはどうあるべきか

　日本の場合、国レベルでの独立した子どもの権利に関する監視機関はないものの、2004 年の第 2 回の総括所見で、3 つの地方子どもオンブズマン（埼玉県、川崎市、川西市）について評価されて以降、自治体の相談・救済機関が徐々にではあるが増えてきている。2019 年の第 4・5 回の総括所見では、33 との指摘があり[*26]、2022 年 4 月現在では、43 の自治体でこれが設けられている[*27]。自治体の相談・救済機関は、むしろ、個別救済が中心であり、制度改善について十分な経験を積んでいないという特徴があるが、典型的には、上記の分類で言えば、「オンブズマン・モデル」ということになる。わが国の場合、子ども施策の具体的権限は、自治体にあり、権利侵害等は、現場で起こることから、個別救済に重きを置いたしくみの意義は大きい。他方で、子ども施策の権限は、自治体にあるといっても、その根拠のほとんどは国の法律で定められており、自治体法解釈の範囲内での法律の運用レベルのことであればともかく、国の法制度そのものの問題を自治体として解決することはできず[*28]、その意味で、国レベルで立法的、行政的制度改善の機構を持ち合わせなければ、根本的に子どもの権利の促進及び保護を実現することはできない。自治体の相談・救済機関が「オンブズマン・モデル」であることを踏まえると、これがさらに広がることを期待しつつ、国レベルの機関が、制度改善を中心とする子どもコミッシ

第 49 条に定める委員会で、個人情報保護法に根拠を持ち、内閣府設置法第 64 条に位置づけられている独立規制機関たる「個人情報保護委員会」を官民を一元的に監督する体制に整えている。後述するように、子どもコミッショナーもこの形で整えることができるはずであり、個人情報保護法で行う一方で、こども基本法で行わないということは、子どもの権利、さらに国連・子どもの権利委員会をあまりに軽視していることになる。
*26　ただし、「財政面および人事面の独立性ならびに救済機構を欠いている」との指摘がなされている。
*27　子どもの権利条約総合研究所調べ。http://npocrc.org/wp-content/uploads/2022/10/sodankyusai2210.pdf
*28　自治体の相談・救済機関で、制度改善の蓄積が十分でない理由はこの点にあるともいえる。

ョナーとして議論されてきたことは、合理性があると同時に、必須のしくみであるといえる。

　子どもコミッショナーがどういう組織であるべきかについてであるが、国連・子どもの権利委員会の一般的意見第2号には、その指針が示されている[29]。まず、独立性が重要である。子どもの権利の促進及び保護について可能な限り広範な権限、十分な組織基盤、財政基盤、職員・スタッフ、活動拠点が法律で規定される必要がある。わが国の行政組織法制を前提にするならば、こども基本法を根拠として、内閣府設置法第49条で定める委員会として、第64条に規定するのが好ましいと思われる。その構成は、多元的に代表されることを確保すべきとされており、委員会方式は親和性があると思われるが、他方で、独任制のメリットも踏まえて、独任制複数の権限の付与の仕方も考慮されるべきである。なお、子どもコミッショナーの選任は、最終的には内閣総理大臣によるとしても、国会の同意、さらに手続きとして、アイルランドの子どもオンブズマン、イギリスの子どもコミッショナーのように子どもの面接を受けるという方式も考慮されてよい（透明な任命手続き）。

　子どもコミッショナーの役割は、子どもの思い・考え・意見を代弁するとともに子どもの権利がどのような状況にあるかを監視し、子どもの権利を促進し、保護することにある。そのために、子どもコミッショナーに与えられる権限として、まずは調査権限が重要であり、実質的で広範な調査権限が実効性のある形で法律で規定される必要がある。調査の対象は、申立てなどに対する調査の他、子どもの権利に関する事項について広く子どもコミッショナーが自由に設定できる必要がある。調査の開始は、子どもコミッショナーの発意により開始できることはもとより、国連・子どもの権利委員会が条約第12条との関連で述べているとおり、子どもからの申立てに

---

[29] 1993年に国連総会で採択された「国際連合・国家機関の地位に関する原則」、いわゆる「パリ原則」に従って設置されることも求められている。なお、子どもコミッショナーの在り方と関わって、池本美香「子どもの権利保護・促進のための独立機関設置の在り方」JRIレビュー、Vol.6、No.101、日本総研、2022年が詳しい。

開かれていることは重要なことである。

　調査された事柄は、子どもの権利の促進と保護の観点から報告がなされることになるが、子どもの権利保障の権限があくまでも政府にあることを踏まえ、行政的、立法的に影響ある形で適切な関与の在り方が法律で規定される必要がある。意見表明、勧告などと、これに対する対応方針、措置報告など説明責任を課す方式は不可欠だと思われる[* 30]。なお、子どもコミッショナーが、調査事項を決めたり、意見をまとめるに際しては、意見を聞かれにくい子どもに十分配慮した上で、子どもの意見を聞くことは不可欠である。

　子どもコミッショナーの子どもの権利の促進の役割との関係でいうと、子どもの権利の普及・啓発は重要な任務の一つである。子どもとの交流、意見交換等、子どもの意見に傾聴する活動、民間団体（NGO）とも協力し、民間団体をつなぐ形で子どもの権利について市民社会に影響を与える活動、政府機関をはじめとした子どもに関わる職種への研修等の活動も広く展開されるべきである。

　なお、国連・子どもの権利委員会に提出する政府報告書については、子どもコミッショナーが肩代わりしたり、政府代表団に参加したりすることは不適切であるとされており、むしろカウンターレポートとして子どもの意見を踏まえた（または取り入れた）報告書

* 30　なお、筆者は、2022 年 4 月 27 日の子ども基本法制を審議する衆議院内閣委員会の参考人として招致され意見を述べ、その中で、子どもコミッショナーの活動としてイメージしやすい現行のしくみの例として、内閣府地方分権改革室の下にある「提案募集検討専門部会」について言及した。地方分権は、地方分権改革推進法以降、数次にわたって法整備を行ってきたが、2014 年以降、「提案募集」のしくみを採用している。これは、自治体からの提案を募り、これを「提案募集検討専門部会」の専門家が引き取って、地方の立場に立って、省庁と折衝し、その成果につき閣議決定に載せた上で、多くの基準、政省令、法改正をおこなってきている。つまり、「提案募集検討部会」の専門家が、地方の声を聞き、地方の立場で、省庁と折衝し、地方のためのしくみを作っていくというものである。このあり方を子どもコミッショナーに置き換えると、子どもコミッショナーが、子どもの声を聞いて、それを子どもの立場から、省庁と折衝し、基準を変え、政省令を変え、法律改正を行い、子どもの最善の利益を実現していくということになろう。もちろん、提案募集検討部会が、自治体の提案を聞くしくみと、子どもコミッショナーが子どもの声を聞くしくみには違いがあり、工夫が必要であるが、発想は共通しており、地方分権でできて、子どもの権利の分野でできないはずはない。

を作成すべきであろう。

5
おわりに

　以上、「子ども国会」とも言われた2022年の第208国会で成立した子ども基本法制について、こども基本法、こども家庭庁設置法が制定された経緯、立法事実を振りかえり、それぞれ、こども基本法、こども家庭庁設置法について検討をした。これら法律に問題点はないというわけではないが、少なくとも、国連・子どもの権利委員会が一貫して指摘してきた重要な部分に応える形を整えたと評価することができる。

　今後は、こども大綱において、まずは、こども施策について、こども基本法が定める基本理念に即した位置づけと具体化がなされるか、そして、こども家庭庁に整理された権限が適切に整えられた上で、法律の論理ではなく、こども施策の基本理念の下、一貫した運用がなされるかが試されているといってもよい。また、わが国の法体系では、こども施策のほとんどが自治体、とりわけ区市町村で行われるしくみになっていることを踏まえると、地方自治が非常に重要である。これまでのように、法律を所管する省庁や法律の論理でただ執行するのではなく、適切な権限の移譲とともに、適切に規制を廃し、財政基盤の保障がなされることを前提として、地方自治の力が発揮されなければならない。

　そして、残された最大の課題は子どもコミッショナーの設置である。その意義及びいかに設置すべきかについてその考え方を示したが、いずれにせよ、これを国際水準と一致する形で設置することは、急務であるといえる。衆参両議院での附帯決議を踏まえ、5年を待つことなく、速やかに検討を加え、その結果に基づき、法制上の措置その他の必要な措置を講ずることが望まれる。

第2章
世界に広まる子どもオンブズパーソン／コミッショナー

平野裕二
子どもの権利条約総合研究所 運営委員

　人権を効果的に保障するために、国家人権委員会や人権オンブズマン（パーソン）のような政府から独立した国内人権機関が必要であるという認識は、国際的に広がりつつある。

　このような機関のあり方に関する基準として広く受け入れられているのが、国内人権機関の権限・責務、構成、独立性および多様性の保障、活動方法などについて定めた「国内（人権）機関の地位に関する原則」（パリ原則）[1]である。2022年7月13日現在、国内人権機関世界連合（GANHRI）によってA認定（パリ原則に全面的に適合）を受けた機関が89か国に、B認定（パリ原則に部分的に適合）を受けた機関が30か国に設置されている（計119か国）[2]。2015年

＊1　1992年の国連人権委員会（当時）決議および1993年の国連総会決議の付属文書。日本語訳は法務省によるものなどを参照。https://www.moj.go.jp/shingi1/shingi_010525_refer05.html
＊2　GANHRIのサイト https://ganhri.org/ 参照。アジア・太平洋地域では17か国（オーストラリア、インド、インドネシア、イラク、ヨルダン、マレーシア、モンゴル、ネパール、ニュージーランド、フィリピン、カタール、韓国、サモア、スリランカ、パレスチナ、タイ、東ティモール）がA認定を、6か国（バーレーン、バングラデシュ、モルディブ、ミャンマー、オマーン、ウズベキスタン）がB認定を受けている。なお、政治的事情からGANHRIの認定は受けていないものの、台湾でも、監察院国家人権委員会組織法（2019年12月10日可決）に基づいて国家人権委員会が2020年8月1日に正式発足した（https://nhrc.cy.gov.tw/）。

に策定された SDGs（持続可能な開発目標）でも、目標 16（平和と公正をすべての人に）の達成状況を評価するグローバル指標（16.a.1）のひとつに「パリ原則に準拠した独立した国内人権機関の存在の有無」が挙げられている。

　このような機関の存在は、子どもの権利を効果的に保障していくためにも不可欠である。各国による子どもの権利条約（以下「条約」）の履行状況を監視する役割を委ねられている国連・子どもの権利委員会（以下「委員会」）も早い段階からこのことを強調し、子どもオンブズパーソン／コミッショナーのような機関の設置を各国に勧告・奨励してきた。以下、この点に関する委員会の見解を振り返ったうえで、これらの機関の設置状況と活動例を簡単に紹介する。

1
独立した子どもの権利擁護機関
──国連・子どもの権利委員会の見解

① 国連・子どもの権利委員会の総括所見における勧告

　国連・子どもの権利委員会の主たる活動は、締約国から定期的に提出される条約の実施状況についての報告書を審査し、問題点の指摘（懸念の表明）や改善のための勧告を記載した「総括所見」をとりまとめることである。1991 年に設置された委員会は、1993 年 1 月に開催した第 3 会期から報告書審査を開始した[*3]。

　子どもオンブズパーソン／コミッショナーのような制度の設置・改善に関する勧告を委員会が総括所見で慣例的に行なうようになったのは、1998 年以降のことである。

　たとえば第 17 会期（1998 年 1 月）には、アイルランドに対し、「子どもがアクセス可能で、かつ、その権利の侵害に関する苦情に

....
＊3　委員会の一般的意見 2 号をはじめ、本稿で紹介する委員会関連の資料の日本語訳は筆者のサイトを参照。https://w.atwiki.jp/childrights/

対応しかつ救済を提供する、オンブズパーソンまたは子どもの権利コミッショナーのような独立した監視機構が存在しないこと」（パラ 9）について懸念を表明したうえで、「オンブズパーソンまたは子どもの権利コミッショナーのような、子どもの権利侵害に対応するための独立監視機関の設置について再検討する」（パラ 29）ことを勧告している（アイルランドは 2004 年に子どもオンブズマン事務所を設置）。

　第 18 会期（同年 5 ～ 6 月）には日本の第 1 回報告審査が行なわれ、総括所見で、「既存の『子どもの人権専門委員』制度を制度的に改善しかつ拡大するか、もしくは子どもの権利のためのオンブズパーソンまたはコミッショナーを創設するかのいずれかの手段により、独立した監視機構を設置するために必要な措置をとる」（パラ 32）ことが勧告された。

　第 23 会期（2000 年 1 月）以降は総括所見の各項目に小見出しが付されるようになり*4、多くの国の総括所見に「独立の監視」（Independent Monitoring）等の項目が設けられるようになっている。定期報告書の形式・内容について定めた委員会のガイドラインでも、2005 年 6 月に採択された改訂ガイドライン（CRC/C/58/Rev.1）において、独立した国内人権機関の有無と、当該機関の構成員の任命手続き、子どもの権利の促進および保護に関わる当該機関の権限・役割について記述することが求められた（パラ 15）。現行ガイドライン（改訂第 3 版、CRC/C/58/Rev.3、2015 年 3 月）でも、「条約および両選択議定書の実施を監視するための独立した国内人権機関は設置されたか、および、当該機関は子どもまたはその代理人による個別の苦情を受理しているか」を（武力紛争への子どもの関与に関する条約の選択議定書の締約国については、軍学校および軍隊の監視権限の有無も含めて）明らかにするよう促されている（パラ 19（f））。

＊4　第 22 会期（1999 年 9 ～ 10 月）で、ロシアに対する総括所見にのみ小見出しが付されている。

② 国内人権機関の役割に関する委員会の 一般的意見 2 号

　さらに委員会は、2002年に採択した一般的意見 2 号において、「子どもの権利の保護・促進における独立した国内人権機関の役割」[*5] についてのまとまった見解を明らかにした。

　委員会が一般的意見 2 号で示した見解によれば、独立した国内人権機関は「条約の実施を促進および保護するための重要な機構」であり、このような機関の設置は、締約国が批准・加入によって表明した「条約の実施を確保しかつ子どもの権利の普遍的実現を前進させるというコミットメント」のなかに含まれる（パラ 1）。したがって、「子どもの権利の促進および保護を担当する独立した人権機関はすべての国に必要である」（パラ 7）。

　とくに子どもには次のような事情があるため、このような機関の設置により「子どもの人権に特別な注意が向けられることを確保する」ことがいっそう重要となる（パラ 5）。

　　―子どもはその発達上の状態ゆえにとくに人権侵害を受けやすいこと

　　―子どもの意見が考慮にいれられるのはいまだに稀であること

　　―ほとんどの子どもは選挙権を有しておらず、人権に対する政府の対応を決める政治プロセスでも意味のある役割を果たせないこと

　　―子どもは、自分の権利を保護するためまたは権利侵害に対する救済を求めるために司法制度を利用する際、相当の問題に直面すること

　　―自分の権利を保護してくれるかもしれない機関に対する子どものアクセスは一般的には限られていること

....

＊5　一般的意見 2 号の表題はもともと「子どもの権利の保護および促進における……」とされていたが、その後、原文（英語）およびスペイン語・アラビア語・ロシア語訳では「子どもの権利の促進および保護における……」に修正されている。フランス語・中国語訳では「保護および促進」のままである。なお、一般的意見 2 号の概要については池本論文（後掲注＊10）も参照。

　このような機関は、子どもオンブズパーソン／コミッショナーのように子どもに特化したものでも、国家人権委員会のようにより幅広い問題を取り扱う国内人権機関（国家人権委員会など）でも、どちらでもよい。ただし、後者のアプローチをとる場合、「その組織内に、子どもの権利をとくに担当することが明示されたコミッショナーまたは子どもの権利をとくに担当する部局が含まれるべきである」（パラ 6）。

　どちらの形態をとるにせよ、このような機関は前述のパリ原則にしたがって設置されなければならない（パラ 4）。このような機関が備えているべき要件として、一般的意見 2 号ではとくに次のものが挙げられている。

- 法律（可能であれば憲法）で定められた委任事項および権限（パラ 8 － 9）
- 子どもの権利条約をはじめとする国際人権文書との関連（パラ 8）
- 多元的代表制（パラ 12）
- 子どもの権利侵害に対する救済の提供（裁判支援を含む；パラ 13 － 14）
- アクセスしやすさおよびアウトリーチ（パラ 15）
- 子ども参加の保障（パラ 16 － 17）
- 市民・議会に対する報告（パラ 18）
- 国連・子どもの権利委員会等の国連人権機構との協力（パラ 20 － 22）

　委員会はその後、「子どもの権利条約の実施に関する一般的措置」についての一般的意見 5 号（2003 年）で「K．独立した人権機関」の節を設け、一般的意見 2 号に注意を促すとともに、「独立した人権機関は子どものための効果的な政府の体制を補完するものであり、その必要不可欠な要素は独立性である」とあらためて強調した（パラ 65）。

　さらに、「意見を聴かれる子どもの権利」についての一般的意見

12 号（2009 年）では、「苦情申立て、救済措置または是正措置の手続きへのアクセスを子どもたちに提供する機構を導入するために国内法を再検討しまたは改正する義務」を「締約国の中核的義務」に位置づけ（パラ 48）、このような義務を履行する戦略のひとつとして「子どもの権利に関する幅広い権限を有する子どもオンブズマンまたは子どもコミッショナーのような、独立の人権機関を設置すること」を促している（パラ 49）。中核的義務とは、それぞれの権利（とくに社会権）を最低限かつ不可欠な水準で即時的に充足する義務のことをいい[6]、資源（財源・人的資源など）がないことを理由にこの義務の不履行を正当化することは、基本的に認められない。子どもオンブズパーソン／コミッショナーのような機関の設置は、意見を聴かれる子どもの権利（条約 12 条）を保障するためにも不可欠だということになる。

　関連して、このような機関を設置することの必要性が、とくに子どもの社会的養護（代替的養護）との関連で強調されてきたことも指摘しておきたい。たとえば子どもの代替的養護に関する国連指針（2009 年）[7]は、パリ原則を正当に考慮したうえで「独立した監視機構を設けること」を奨励するとともに、このような機関が果たすべき機能として、(a) プライバシーが保たれる条件下での子どもとの話し合い、養護現場への訪問および子どもの権利侵害が疑われる事案の調査、(b) 子どもの処遇改善のための政策提言、(c) 法案に関する提案・所見の提出、(d) 条約に基づく報告プロセスへの貢献を挙げている（パラ 130）。

　国連事務総長も、国連総会に毎年提出している条約の実施状況に関する報告書の 2019 年版（A/74/231、2019 年 7 月 26 日付）[8]で、「代

* 6 　「締約国の義務の性格（規約第 2 条 1 項）」に関する国連・社会権規約委員会の一般的意見 3 号（1990 年）、パラ 10 など参照。https://www.nichibenren.or.jp/library/ja/kokusai/humanrights_library/treaty/data/CESCR_GC_01-05j.pdf
* 7 　国連総会決議 A/RES/64/142（2009 年 12 月 18 日）付属文書。厚生労働省雇用均等・児童家庭局家庭福祉課仮訳参照。https://www.mhlw.go.jp/stf/shingi/2r985 20000018h6g-att/2r98520000018hly.pdf
* 8 　関連資料も含めて筆者の note 参照。https://note.com/childrights/n/n5d782e4b4bd0

替的養護におけるケア、保護および処遇の提供を規律する法規の遵守を監視するため、子どもオンブズパーソン、コミッショナーまたは査察官のような監視機構を設置する」こと、このような機関が妨げられることなく入所施設にアクセスできるようにすることを各国に促している（パラ69）。

③ 政府から独立した子どもの権利擁護機関の主要な役割・任務

子どもオンブズパーソン／コミッショナーのような機関が行うことを推奨される活動として、委員会は一般的意見2号で20項目を挙げている（パラ19）。筆者はこれまで、これらの機能を次の4つに分類してきた[9]。

(a)子どもの権利や利益が守られているかどうかを行政から独立した立場で監視すること

(b)子どもの代弁者として、子どもの権利の保護・促進のために必要な法制度の改善の提案や勧告を行うこと

(c)子どもからのものを含む苦情申立てに対応し、必要な救済を提供すること

(d)子どもの権利に関する教育・意識啓発を行うこと

冒頭に挙げた「監視」機能に、データの収集・分析、調査研究、子どもたちの声（苦情申立てを含む）の聴取などを通じた問題発見／アジェンダ設定機能を含めてもよいかもしれない[10]。

....

[9]　拙稿「子どもオンブズパーソンの国際的動向——世界で増え続ける子どもオンブズパーソン」喜多明人ほか編『子どもオンブズパーソン——子どものSOSを受けとめて』日本評論社、2001年；同「世界各国の子どもの権利救済制度——国連・子どもの権利委員会の議論から」『子どもの権利研究』第3号、日本評論社、2003年など参照。

[10]　池本美香（日本総研調査部上席主任研究員）は、このような機関が果たす機能を（i）子どもの権利の実現状況を調査し、必要な改善を促す政策提言、（ii）子どもの権利について人びとの理解を促す人権教育、（iii）相談・苦情の受付や子どもの施設の訪問などを通じた人権救済の3つに整理している。改善のための提言をともなわない「監視」には意味がないので、上記（a）（b）を一体の機能として捉えるのもひとつの考え方ではある。池本美香「子どもの権利保護・促進のための独立機関設置の在り方」（JRIレビュー Vol.6, No.101、2022年2月3日付）。https://www.jri.co.jp/page.jsp?id=101974

他方、欧州評議会加盟国に設置された子どもオンブズパーソン／コミッショナー等が加盟するENOC（子どもオンブズパーソン欧州ネットワーク）は、このような機関の主たる機能として次の４つを挙げている[11]。

(i)子どもの権利の促進（Promote children's rights）：条約に掲げられた子どもの基本的権利の促進／社会における子どもの優先的位置づけの強化の促進／子どもの権利に関する情報の作成・普及ならびに関連データの収集・公表（または政府による関連データの収集・公表の促進）

(ii)監視および権利擁護（Monitor and advocate）：政府等の行動の監視／法律・政策・実務に関して政府等が行う提案への応答および主体的な改革の提案／アドボカシー制度や苦情申立て制度に対する子どものアクセス状況およびこれらの制度の有効性の検証

(iii)苦情申立てへの対応（Respond to complaints）：子どもまたは子どもの代理人から寄せられる個別の苦情への対応および（適切な場合の）法的措置（または法的措置の支援）／調査研究の実施・奨励

(iv)子ども参加の奨励（Encourage child participation）：子どもの意見を伝える回路の提供および子どもの意見の尊重の奨励／子どもの意見が他の機関において直接かつ効果的に代弁されるようにするための体制整備／子どもの人権に関する意識の促進

　子どもの代弁者として行動するだけではなく、子どもたち自身の参加を奨励することが主要な機能のひとつに挙げられている点が特徴的である。この点については、委員会の一般的意見２号でも、「子どもの人権に関わる事柄について、および子どもの権利に関わる問題を定義するにあたって、子どもの意見が表明され、かつその意見に耳を傾けられることを確保すること」や「子どもに影響を及

---

* 11 European Network of Ombudspersons for Children, https://enoc.eu/?page_id=2345（最終アクセス日：2022年9月5日）

ぼす国内法および国際文書の策定への、子どもの権利 NGO（子どもたち自身で構成された団体を含む）の意味のある参加を唱道および促進すること」を、独立した国内人権機関に対して推奨される活動に位置づけている（パラ 19（j）（k））。

　なお、個別救済（個々の苦情申立てへの対応）を子どもオンブズパーソン／コミッショナー等の権限に含めていない国も少なくないが、委員会は、このような機関に対して個別救済の権限を付与するよう一貫して求めてきている点に注意が必要である。

2
子どもオンブズパーソン／コミッショナー等の設置例・活動例

① 子どもオンブズパーソン／コミッショナー等を設置している国

　ユニセフ（国連児童基金）・イノチェンティ研究所が 2012 〜 13 年に刊行した報告書によれば、このような機関を設置している国は約 80 か国にのぼっていた（2013 年 8 月 30 日現在）[12]。本稿執筆にあたって筆者が独自にいくつかの資料を参照したところ、その数は 85 か国前後とやや増えている。そのリストを次頁（表 1）に掲げる[13]（なお、日本のように国レベルの独立人権機関は未設置であっても複数の自治体でこのような機関が設置されている国も、このリストに含まれている場合がある）。

....

＊ 12　Sedletzki, Vanessa (2013). Championing Children's Rights: A global study of independent human rights institutions for children, Innocenti Publications, https://www.unicef-irc.org/publications/701-championing-childrens-rights-a-global-study-of-independent-human-rights-institutions.html, pp.317-27. 報告書の要約版（2012 年）は https://www.unicef-irc.org/publications/669-championing-childrens-rights-a-global-study-of-independent-human-rights-institutions.html を参照。

＊ 13　これらの機関の一覧は、参照した資料も含め、筆者の note〈子どもオンブズパーソン／コミッショナー設置国リスト（非公式）〉（2022 年 8 月 24 日投稿）に掲載している。随時更新していく予定なので、最新情報はそちらを参照されたい。https://note.com/childrights/n/n4cf2106ff129

表1 子どもオンブズパーソン／コミッショナー等設置国リスト

ヨーロッパ・中央アジア（43か国）
（ENOC加盟機関＝34か国・43機関；準メンバー含む）
アルバニア／アルメニア／アゼルバイジャン／ベルギー／ボスニア・ヘルツェゴビナ／ブルガリア／クロアチア／キプロス／デンマーク／エストニア／フィンランド／フランス／ジョージア／ギリシャ／ハンガリー／アイスランド／イタリア／アイルランド／ラトビア／リトアニア／ルクセンブルク／マルタ／モルドバ／モンテネグロ／ノルウェー／ポーランド／セルビア／スロバキア／スロベニア／スペイン／スウェーデン／オランダ／ウクライナ／英国
（ENOC非加盟機関＝9か国）
オーストリア／コソボ／キルギス／リヒテンシュタイン／マケドニア（FYROM）／ポルトガル／ルーマニア／ロシア連邦／トルコ
アジア・太平洋（13か国）
アフガニスタン（解散）／オーストラリア／ブータン／インド／インドネシア／日本／韓国／マレーシア／モルディブ／モンゴル／ネパール／ニュージーランド／パキスタン
米州（19か国）
アルゼンチン／ボリビア／カナダ／コロンビア／コスタリカ／ドミニカ共和国／エクアドル／エルサルバドル／グアテマラ／ガイアナ／ホンジュラス／ジャマイカ／メキシコ／ニカラグア／パナマ／パラグアイ／ペルー／米国／ベネズエラ
アフリカ（10か国）
エチオピア／ガーナ／マラウィ／モーリタニア／モーリシャス／ナイジェリア／シエラレオネ／南アフリカ／タンザニア／ザンビア

　これらの国々のうち子どもオンブズパーソン／コミッショナーのような子どもに特化した機関を設けているのは3割程度であり、多くの国では、国家人権委員会や人権オンブズマンといった国内人権機関に子どもの権利を専門に担当する委員や部局を置く方式が採用されている。

　このような機関を最近設置した国の例としては、韓国（2016年4月、国家人権委員会〔2001年発足〕内に子どもの権利小委員会を設置）、マレーシア（2019年8月、マレーシア人権委員会内に子どもコミッショナーを任命）、モルディブ（2020年7月、子どもの権利オンブズパーソンを任命）などがある。

　また韓国では、ユニセフ（国連児童基金）が進める「子どもにやさしいまち」イニシアティブを背景として地方レベルで子どもオンブズパーソンを設置する自治体が増えており、興味深い。子どもオンブズパーソンを設置している23自治体を分析した2020年の論

文＊14 によれば、ほとんどの自治体では子どもの権利の保護・増進、相談・救済、政策提案などを子どもオンブズパーソンの任務として掲げ、独立の地位を保障するとともに、子どもの人権に関わる法律の専門家や児童福祉専門家 3 〜 5 人を 2 年程度の任期で委嘱している例が多いとのことである。

② 子どもオンブズパーソン／コミッショナー等の具体的取り組み

　紙幅の関係もあり、各国の子どもオンブズパーソン／コミッショナー等の具体的取り組みについて詳しく紹介することはできないものの、英国、とくにイングランド、ウェールズおよびスコットランドの子ども（・若者）コミッショナーの活動については日本でも比較的高い関心を集めてきた。たとえば次のような例を挙げることができる。

- イングランドの子どもコミッショナーは、イングランド全域の子ども（4 〜 17 歳）を対象とする大規模オンライン調査「ザ・ビッグ・アスク」を実施し（2021 年 9 月に報告書を発表）、55 万 7077 人から寄せられた回答を踏まえてさまざまな政策提言を行っている。
- スコットランドの子ども・若者コミッショナーは、スコットランドにおける COVID-19（新型コロナウイルス感染症）対策についての独立子ども影響評価（2019 年）を実施して対策のあり方に警鐘を鳴らしたり、学校における拘束・隔離のあり方について調査を行って政府に対策を促したりといった取り組みを行なってきた。
- ウェールズの子どもコミッショナーは、社会に子どもの権利を根づかせていくための戦略枠組み「ザ・ライト・ウェイ：ウェールズにおける子どもの権利アプローチ」を 2017 年に発表

＊14 홍문기・김웅수 (2020), 지방자치단체 조례 분석을 통한 아동옴부즈퍼슨 발전방안 연구 ――아동친화도시를 추진하는 지방자치단체를 중심으로― . https://www.kci.go.kr/ kciportal/ci/sereArticleSearch/ciSereArtiView.kci?sereArticleSearchBean.artiId=ART002 677077

し、これを現場で活かしていくための一連の指針を作成するなど、子どもの権利の促進の分野における取り組みを活発に展開している。

　個別救済という点では、韓国国家人権委員会の活動にも注目すべきものがある。同委員会は、最近の例に限っても次のような勧告を関連機関に対して行ってきた。

- 在留資格を持たずに長期滞在している子どもの退去強制を停止し、子どもが継続的滞在を希望する場合は在留資格を申請できるようにする制度の創設を勧告（2020年3月）。韓国政府は、この勧告も踏まえ、在留資格がないまま学校に通っている外国籍の子どもに「教育権を幅広く保障し、韓国社会の構成員として国民とともに生きていけるように」する目的で、このような子どもに対する在留資格付与要件を緩和した（2022年1月発表）。
- 法務部（法務省）に対し、▽「少年法」の虞犯少年関連規定の削除および福祉的対応の強化、▽少年刑事事件・少年保護事件において援助を受ける権利の強化、▽少年と成人の分離収容原則を遵守するための関連規定および運用の整備、▽少年法第18条で規定する一時措置に対する少年の異議申立て権を保障するための制度づくりなどを勧告（2021年9月）。法務部はこれらの勧告の一部について受け入れを表明した（2022年4月）。
- 中高生を対象とする行き過ぎた校則、校内における表現の自由、学校における携帯電話の使用禁止などについて関係機関に勧告（2021年11月）。
- 芸能界で働く子ども（児童・青少年大衆文化芸術人）がさまざまな人権侵害を受けているとして、労働時間規制の強化、これらの子どもの人権保護のためのガイドラインの策定、これらの子どもの学習権保障のための取り組みなどを勧告（2022年4月）。
- 全国10か所の児童養護施設の訪問調査を実施し、保護児童に人権保護関連の教育を提供すること、保護児童のプライバシーと自己決定権を保障することなどを施設運営者に義務づける規

定の創設（児童福祉法改正）などを勧告（2022 年 7 月）。

　以上の取り組み例のほとんどは筆者の note で紹介したものである。今後も随時具体的な活動状況を報告していく予定なので、マガジン〈国内人権機関／オンブズパーソン等〉[15] を参照されたい。

　こども基本法（2022 年 6 月）の制定の際には子どもオンブズパーソン／コミッショナーの創設は見送られたものの、以上のような国際的動向も踏まえ、速やかに設置の検討を進めることが必要である。

〔追記〕本稿脱稿後、日本財団より『イングランドとフィンランドの子どもコミッショナー等に関する調査報告書』（2022 年 9 月）が発表された（調査担当：家子直幸・三菱 UFJ リサーチ＆コンサルティング主任研究員）[16]。あわせて参照されたい。

....

＊ 15　https://note.com/childrights/m/mf67b2775e31d
＊ 16　https://kodomokihonhou.jp/news/img/20220906.pdf

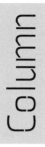Column

子どもコミッショナーのような
国内人権機関の必要性

　わが国は、子どもの権利条約（以下「条約」）締約国として条約を実施して子どもの権利を実現する義務を果たすため（条約4条など）、条約43条に基づき設置される独立の専門機関である国連・子どもの権利委員会（以下「委員会」）と5年ごとに「建設的対話」を行う報告審査（条約44条）結果に基づいて採択される総括所見を誠実に検討・実施し、実施しない場合には理由を説得的に説明する応答義務を果たす必要があるが、総括所見で繰り返されている独立した国内人権機関設置の勧告（第1回パラ32、第2回パラ14・15、第3回パラ17・18、第4・5回パラ12）については誠実な応答義務の履行すら十分ではない（下線は筆者による。以下同）。

　委員会は、条約実施促進等の有権的指針として一般的意見を採択し（手続規則77条）、国内の立法・行政・司法機関・子どもたちを含めた社会全体への広い普及を勧告しているが（一般的意見21号パラ9（b）・62など）、同2号だけでなく同1号パラ25、同5号パラ65、同8号パラ52、同9号パラ24、同13号パラ41、同15号パラ103、同16号パラ75~77、同17号パラ57、同18号パラ48、同25号パラ31でも各号のテーマに沿って国内人権機関の設置を勧告したり役割を説明している。

　国内人権機関は、委員会から専門的助言を求められたり（条約第45条（a））、情報提供、意識向上、勧告実施のフォローアップでの国への行動の奨励・支援などにより、報告プロセスの循環的関わりにおいて不可欠な役割を果たし[1,2,3]、5年に1度の限られた規模・日数での委員会によるモニタリングを補完する国内の独立の専門機関としてモニタリングを行い、毎年や適宜の法案・施策などの調査・報告・助言・提言などにより適切で包括的効果的な施策実施に寄与する。

　こども家庭庁のような行政機関が、政策評価、セルフモニタリング、他省庁のモニタリングを行う場合でも、報告とフォローアップのための国内機構・メカニズム（NMRFs）（第4回・第5回総括所見パラ52）[4]が政府に置かれる場合でも、パリ原則に適合した独立した国内人権機関は別個に必要である。

　国内人権機関は学校、保健サービス、政府機関、地方自治体、民間企業、保護者などの子どもの権利を実現するパフォーマンスを補完し強化するために協働し、「機械の中の油」のように機能し、大人中心のシステムに子どもの視点を明確に取り入れ、

物事がうまくいかなかったり、手続きや政策が不適切だったりした場合の救済や改革のプロセスをサポートし、硬直して子どもや子どもに関わる問題に取り組む人々がアクセスできないような政治的制度的システムに柔軟性をもたらすと報告されている[5]。

[注]
[1] 【国連・子どもの権利委員会 HP　市民社会、NGO、国内人権機関向けの情報】(筆者仮訳)
　　https://www.ohchr.org/en/treaty-bodies/crc/information-civil-society-ngos-and-nhris
[2] 　委員会の専門機関として市民社会等の委員会への効果的関与を支援する NGO【チャイルド・ライツ・コネクト HP　国連・子どもの権利委員会の報告サイクルへの関与】(筆者仮訳)
　　https://crcreporting.childrightsconnect.org/
[3] 【チャイルド・ライツ・コネクト HP　フォローアップ】
　　https://crcreporting.childrightsconnect.org/convention-on-the-rights-of-the-child-follow-up/
[4] 「報告とフォローアップのための国家メカニズムに関する実践的なガイド」3頁・4頁参照
　　https://w.atwiki.jp/childrights/pages/319.html
　　https://www.ohchr.org/en/treaty-bodies/treaty-body-capacity-building-programme
[5] 【子どものための独立した人権機関に関する報告書　ユニセフ　2012】
　　https://www.unicef-irc.org/publications/669-championing-childrens-rights-a-global-study-of-independent-human-rights-institutions.html

[参考]
荒牧重人「子どもの権利モニタリングの視点と方法」『子どもの権利研究』第 17 号、日本評論社、2010 年
「広げよう！子どもの権利条約キャンペーン　「ローンチイベント関連資料：平野裕二さん報告レジュメ」」2019 年、http://npocrc.a.la9.jp/npocrc/activity7
荒牧重人「子どもの権利条約第 4・5 回日本政府報告の検討と報告制度の効果的活用」2017 年、https://irdb.nii.ac.jp/00827/0002171509
平野裕二「問われる子どもの人権──日本の子どもたちがかかえるこれだけの問題」『問われる日本の法制度・社会制度──国連・子どもの権利委員会（CRC）第 3 回報告書審査』日弁連編、2011 年
池本美香「子どもの権利保護・促進のための独立機関設置の在り方」JRI レビュー、2022 年、https://www.jri.co.jp/page.jsp?id=101974
法務省「国内機構の地位に関する原則（パリ原則）」https://www.moj.go.jp/shingi1/shingi_010525_refer05.html
「一般的意見 2: 子どもの権利の促進および保護における独立した国内人権機関の役割 2002」平野裕二訳、ARC 平野裕二の子どもの権利・国際情報サイト
　　https://w.atwiki.jp/childrights/pages/32.html
「イングランドとフィンランド子どもコミッショナー等に関する調査の報告書 2022 年 9 月公益財団法人日本財団」https://kodomokihonhou.jp/news/img/20220906.pdf

[森保道]

第3章
自治体で広まる
子どもの相談・救済機関

半田勝久
日本体育大学准教授

間宮静香
日本弁護士連合会子どもの権利委員会副委員長

1
日本の子どもたちが置かれた状況

　なぜ、今、子どもの相談・救済機関が必要とされるのか。子どもの相談・救済機関は広く子どもの権利を守り、子どもの権利が侵害されている場合には救済を行う機関である。

　そこで、子どもの権利が保障されているのか、子どもたちの現状をデータで見ていきたい。

　まずは、子どもの自殺と精神的幸福度である。厚労省のデータによると、様々な対策によりこの10年間で日本全体の自殺死亡率は低下している。しかしながら、10代の自殺死亡率だけは増加を続け、歯止めがかからない深刻な状況である（図1）。

　その背景を考察するデータのひとつが、ユニセフの「レポートカード16」であろう[1]。日本の子どもたちの精神的幸福度は先進国

＊1　ユニセフ・イノチェンティ研究所『レポートカード16－子どもたちに影響する世界：先進国の子どもの幸福度を形作るものは何か（原題：Worlds of Influence:

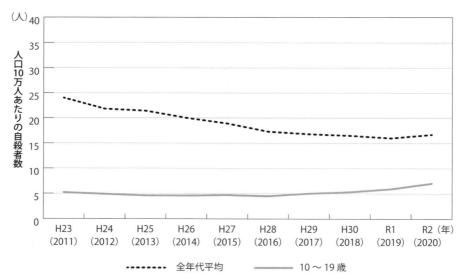

（人）

人口10万人あたりの自殺者数

H23
（2011）　H24
（2012）　H25
（2013）　H26
（2014）　H27
（2015）　H28
（2016）　H29
（2017）　H30
（2018）　R1
（2019）　R2
（2020）
（年）

- - - - - - 全年代平均　　　——— 10〜19歳

図1　年代別自殺率
出典：厚生労働省資料をもとに筆者作成

　38か国中37位、精神的幸福度の指標のひとつである生活満足度も
ワースト2位である。日本で生活する子どもたちの生きづらさが現
れている順位といえよう。

　では、どのような環境が子どもたちの幸福度を低くしているので
あろうか。

① 家庭における子どもたちの状況

　子どもが安心して育つ基盤となるのが家庭である。

　とはいえ、児童相談所での児童虐待対応件数は年々増加し、2020
（令和2）年度には20万件を超えた（図2）。児童虐待が広く知られ
るようになって認知件数が増加したことや、2013年に警察が面前
DV事案（心理的虐待）への積極的な介入を行うことになったこと
で通告数が増加した側面はあるものの、2020年度には一時保護が2
万7390件、施設入所等が4348件あり[*2]、77人の子どもが虐待で命

Understanding what shapes child well-being in rich countries)』英語版2020年9月刊
行、日本語版2021年2月刊行
＊2　「社会的養護の推進に向けて」令和4年3月31日厚生労働省子ども家庭局福祉課

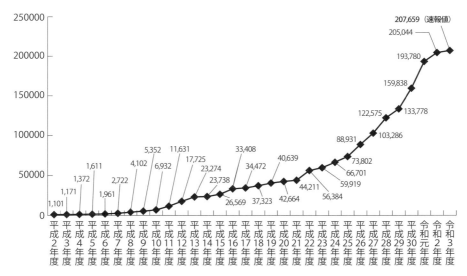

図2　児童虐待相談対応件数の推移
出典：厚生労働省「令和3年度 児童相談所での児童虐待相談対応件数（速報値）」

を落としている[*3]。

　子どもの貧困の問題も大きい。貧困は、教育格差や子どもの自信・希望の低下にもつながる。OECD のデータによると、特に日本のひとり親家庭の貧困率は35か国中ワースト2位であり、深刻な状況である（図3）。

　また、本来大人が担うと想定されている家事や家族の世話などを日常的に行っているヤングケアラーは、文科省・厚労省の調査によると、中学2年生で5.7％いる。宿題や勉強をする時間がとれない、自分の時間がとれない、友達と遊べない、睡眠が十分にとれないなど、少なくない数の子どもが「子ども時代」を過ごすことができないことが、調査結果により明らかとなっている（図4）。

　このように、子どもたちは、安全に安心して育つ基盤であるはずの家庭において、虐待を受け、貧困に苦しみ、余暇を奪われ、豊かな子ども時代を過ごすことができていない。子どもの権利条約19条（親による虐待からの保護）、26条（社会保障への権利）、27条（生

＊3　「子ども虐待による死亡事例等の検証結果等について（第18次報告）」社会保障審議会児童部会児童虐待等要保護事例の検証に関する専門委員会

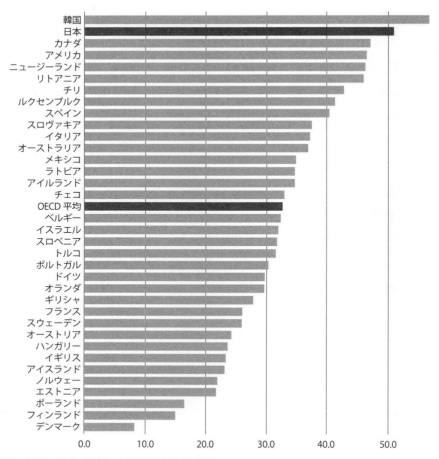

図３　ひとり親家庭の貧困率の国際比較

出典：OECD Family Database, 2019、「男女共同参画白書 令和２年度版」をもとに筆者作成

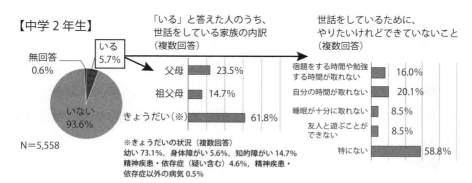

図４　令和２年度ヤングケアラーの実態に関する調査研究

出典：「ヤングケアラーの実態に関する調査研究　報告書」（令和３年度子ども・子育て支援推進調査研究事業）2022年、三菱UFJリサーチ＆コンサルティング株式会社、文部科学省概要より

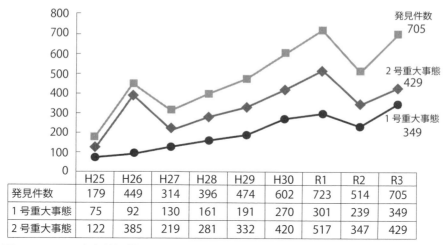

	H25	H26	H27	H28	H29	H30	R1	R2	R3
発見件数	179	449	314	396	474	602	723	514	705
1号重大事態	75	92	130	161	191	270	301	239	349
2号重大事態	122	385	219	281	332	420	517	347	429

図5　いじめ防止対策推進法第 28 条第 1 項に規定する「重大事態」の発生件数
出典：文部科学省「令和 3 年度 児童生徒の問題行動・不登校等生徒指導上の諸課題に関する調査
　　　結果の概要」令和 4 年 10 月 27 日

活水準への権利）、28 条（教育への権利）、31 条（休息・余暇、遊び、
文化的・芸術的生活への参加）などの、子どもの権利条約で保障され
ているはずの子どもの権利が守られていないのである。

② 学校での子どもたちの状況

　家庭とともに子どもたちの生活基盤となるのが学校である。子ど
もの教育を受ける権利を保障する場であるはずの学校であるが、い
じめの認知件数及び重大事態の件数は年々増加している（図5）。ま
た、教師になんらかの処分がなされた体罰の件数は 485 件であ
る[4]。これに加え、教育委員会が把握していない体罰はさらに多く
あると考えるべきであろう。他にも、「体罰」に該当しない教師か
らの暴言など不適切な対応によって傷つく子どもたちも多い[5]。

　文科省の調査によると、「不登校」児童生徒は年々増加し、令和
3 年度には 24 万人を超えた（図6）。しかし、文科省の不登校の定

＊ 4　文部科学省「体罰の実態把握について（令和 2 年度）」令和 3 年 12 月 21 日
＊ 5　名古屋市子どもの権利相談室「なごもっか」2020 年度・2021 年度活動報告書

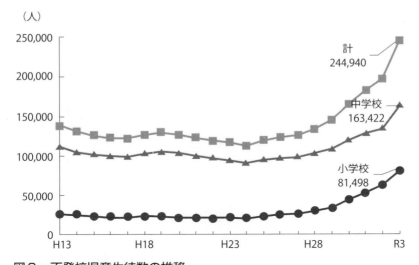

図6　不登校児童生徒数の推移
出典：文部科学省「令和 3 年度 児童生徒の問題行動・不登校等生徒指導上の諸課題
　　　に関する調査結果の概要」令和 4 年 10 月 27 日

　義[*6]では保健室などの別室登校や夕方学校に顔を出すだけの子ど
もは欠席扱いとならず、不登校の件数に計上されていない。そのた
め、文科省の上記データでは不登校の実態は把握できていない。
2018 年に日本財団が行った調査では、文科省の発表した不登校の
中学生が約 10 万人であったのに対し、実際の不登校・不登校傾向
の中学生は 43 万人いるとされ（図 7）、文科省調査の数倍の子ども
たちが学校での居場所を失い、教育を受ける権利が保障されていな
い現状が見えてくる。

　文科省が行った令和 2 年不登校児童生徒の実態調査[*7]では、最初
に学校に行きづらいと感じ始めたきっかけのうち、小学生の 1 位と
中学生の 3 位は「先生のこと」、中学生の 2 位が「勉強がわからな
い」となっている。教育を受ける権利を保障する場であるはずの学
校で、勉強についていけない子どもたちがいること、教師との関係

──────────────

[*6]　何らかの心理的、情緒的、身体的あるいは社会的要因・背景により、登校しな
いあるいはしたくともできない状況にあるために年間 30 日以上欠席した者のうち、
病気や経済的理由によるものを除いたもの
[*7]　不登校児童生徒の実態把握に関する調査企画分析会議「不登校児童生徒の実態
把握に関する調査報告書」令和 3 年 10 月

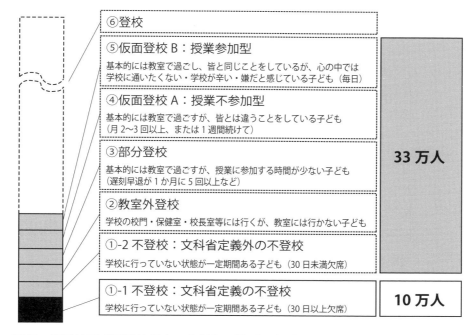

⑥登校

⑤仮面登校B：授業参加型

基本的には教室で過ごし、皆と同じことをしているが、心の中では
学校に通いたくない・学校が辛い・嫌だと感じている子ども（毎日）

④仮面登校A：授業不参加型

基本的には教室で過ごすが、皆とは違うことをしている子ども
（月2～3回以上、または1週間続けて）

③部分登校

基本的には教室で過ごすが、授業に参加する時間が少ない子ども
（遅刻早退が1か月に5回以上など）

②教室外登校

学校の校門・保健室・校長室等には行くが、教室には行かない子ども

①-2 不登校：文科省定義外の不登校

学校に行っていない状態が一定期間ある子ども（30日未満欠席）

①-1 不登校：文科省定義の不登校

学校に行っていない状態が一定期間ある子ども（30日以上欠席）

33万人

10万人

図7　不登校及び不登校傾向の中学生の数（日本財団2018年調査）
出典：日本財団「不登校傾向にある子どもの実態調査報告書」2018年12月12日

で学校が安心して勉強できる環境となっていないことが推察される。

　これらのデータだけでも、子どもの権利条約で保障された子ども
たちの育つ権利（6条）、社会保障を受ける権利（26条）、生活水準
の確保（27条）、教育を受ける権利（28条）、休み・遊ぶ権利（31
条）などの子どもの権利が学校でも保障されていない状態であるこ
とがわかる。

2
自治体で広まる子どもの相談・救済機関

　このような状況において、子どもが抱える課題は複雑化し、子ど
ものSOSのサインや声を子どもの最善の利益の視点から受け止
め、権利擁護を図り、もって子どものエンパワメントを支援する子

どもの相談・救済機関の必要性が求められてきている。

　日本に対しては、批准国の子どもの権利条約の実施状況を審査する国連・子どもの権利委員会（CRC）より、独立して子どもの権利を監視する機関の設置について勧告がなされているが*8、国の動きは鈍く、子どもを権利の主体として位置づけ、子どもの意見を聴取し、子どもの権利を救済するこうした機関の設置は、むしろ自治体で先行している。

　ここでは、CRCの勧告を踏まえ、日本ではじめて川西市において子どもの人権オンブズパーソンが設置された後、全国の自治体で子どもの相談・救済機関（子どもオンブズパーソンのほか、子どもの権利擁護委員、子どもの権利救済委員など、自治体ごとに名称はさまざまであるが、以下、「子どもの相談・救済機関」という。）が広まっていった背景について検討していきたい。

① いじめ対応の限界

　子どもの権利条約が国内批准された1994年に起きた愛知県西尾市立中学2年生のいじめ自死事件は、日本に大きな衝撃となった。こうしたなか、学校におけるいじめ対応や教育委員会に設置されている教育相談の限界性が浮かび上がり、子どもの権利の視点からの制度改革が求められることになった。国レベルでは、同年度に人権擁護委員のなかから子どもの人権問題を主体的、重点的に取り扱うものとして「子どもの人権専門委員」制度が導入された。1995年には公立学校にスクールカウンセラーが配置されることになった。

　川西市においては、いじめ問題を踏まえ、1995年より「子どもの人権と教育」検討委員会を設置し、そこでは「子どもの権利行使を具体的に保障する地域社会の総合システムを確立することが必要」とし、「子どもの人権オンブズマンの創設」が提言された。制

＊8　第1回（1998年）、第2回（2004年）、第3回（2010年）、第4・5回（2019年）で勧告を受けている。訳文は「ARC　平野裕二の子どもの権利・国際情報サイト」より引用している。https://w.atwiki.jp/childrights/

度創設にかかわった吉永省三氏は、1996年1月の同市教育委員会協議会の結論は「いじめ問題を子どもの人権の問題として明確に捉える」というものであったと振り返り、「一人ひとりの子どもの人権を真に尊重することを通して学校をつくる――という教育改革の方向が、子どもの権利条約の批准が重要な契機になって確認された」と述べている[*9]。

　CRCの日本の第1回報告を検討した総括所見（1998年）では、「委員会は、子どもたちの権利の実施を監視する権限を持った独立機関が存在しないことを懸念する。委員会は、『子どもの人権専門委員』による監視制度は、現状では、政府からの独立、ならびに子どもたちの権利の効果的な監視を全面的に確保するのに必要な権威および権限を欠いていることに、留意するものである。」と、あらたな子どもの権利を監視する独立機関の設置を求めている。

　こうした議論を踏まえ、条例に基づいた子どもを救済するための公的第三者機関として、1999年4月に、川西市において日本ではじめて子どもオンブズパーソン制度が創設された。

② 子どもの権利条約を子どもの権利条例へ

　日本教育法学会は、1993年に「子どもの権利条約研究特別委員会」を設置し、（1）子どもの権利基本法案を作成し、子どもの権利保障にかかわる国内法・制度の基盤の構築を図ること、（2）子どもの権利基本条例案を作成し、自治体レベルでの条約の実施と普及に貢献すること、（3）条約を子どもの権利保障のための国際基準として発展させていくための諸課題を探ることについて議論し、その成果として『提言［子どもの権利］基本法と条例』を刊行した[*10]。子どもの権利基本条例要綱案を提案する理由として野村武司氏は「子

＊9　吉永省三「日本における子どもの相談・救済制度――子どもオンブズパーソンを中心に」『子どもの相談・救済ガイドブック』子どもの権利条約総合研究所、2015年

＊10　日本教育法学会子どもの権利条約研究特別委員会編『［子どもの権利］基本法と条例』三省堂、1998年

どもの権利保障の観点から子ども行政の基本原理を示し、自治体施策あるいは権限の総合化と体系化を規範の裏づけのもと行う必要があると考えるからである」としている[11]。

こうした議論を背景として、1998年9月より、川崎市において、子どもの権利条約の趣旨や規定を自治体において総合的に保障しようと子どもの権利に関する条例の検討が始まり、2000年12月に「川崎市子どもの権利に関する条例」が全会一致で可決された。条例づくりに市民（おとな・子ども）が200回を超える会議を開き議論するなど、子どもの意見表明権を策定過程において保障した画期的な取り組みであった。

子どもの権利の保障状況を検証する仕組みとしては、子どもの状況や子どもにかかわる施策を、行政や市民との対話をするなかで子どもの権利の観点から検証し、市長に答申や意見具申する第三者的な機関として「川崎市子どもの権利委員会」を設置した。子どもの相談・救済に関しては、同条例第35条の具現化として、川崎市人権オンブズパーソン条例が2001年6月に制定された。

日本ではじめて子どもの権利に関する総合条例が制定され、子どもの権利保障状況の検証と子どもの相談・救済の仕組みを切り分けて制度化したことは、その後、地方自治体における子どもの相談・救済機関の「子どもの権利のモニタリング機能」に影響を与えることになる。

③ 子ども施策の推進と子どもにやさしいまち

1994年に「今後の子育て支援のための施策の基本的方向について」（エンゼルプラン）が策定され、1995年に地方分権推進法が制定されたのを契機とし、地方自治の再構築が進められ、地域の実情に沿った子ども施策の展開が求められていくことになる。続いて、2003年の次世代育成支援対策推進法により、自治体や事業主など

＊11　野村武司「子どもの権利基本条例要綱案の意義と内容」、同上書、86頁。

に「行動計画」を策定することが義務付けられ、地域や職場において総合的かつ効果的な次世代育成支援対策が推進されるようになる。

こうした流れのなかで、自治体では子どもの生活圏レベルで同条約を生かそうと様々な子ども施策が展開され始めた。

子ども施策を推進していく法的基盤として子ども条例を制定するなどして、子どもにやさしい計画を策定し、子どもの育ちを直接支え、子ども自らが主体的に生きていくことを総合的・継続的・重層的に支援していこうと「子どもにやさしいまち」を推進する自治体が増えていく。

子ども条例は、自治体の状況やその目的などに応じて、様々な形態のものが制定されていくことになる。子どもの権利を総合的に保障する条例（総合条例）、子どもの権利を個別的に施策・制度により実現していく個別条例（例. 子どもの意見表明・参加支援、子どもの相談・権利救済、子どもの虐待防止・安全等）、子ども施策を推進するための原則条例（施策推進の原則条例）などに大別できる[* 12]。

④ 子ども条例に基づく子どもの相談・救済機関の展開

子ども条例に子どもの相談・救済制度を規定している自治体は、川西市子どもの人権オンブズパーソンが設置されて以降、形態は多様であるが20年余で40を超える（2022年10月現在）。子どもの相談・権利救済制度を規定している子ども条例は、個別条例（子どもの相談・権利救済）、総合条例に基づく個別条例（子どもの相談・権利救済）、総合条例、施策推進の原則条例（子育て・子育ち支援）に分類できる（表1）。

⑤ 地方自治体の子どもの相談・救済機関の法的位置づけ

地方自治体における子どもの相談・救済機関は、法律上は、地方自治法第138条の4第3項に基づく執行機関の附属機関という位置

* 12　荒牧重人・喜多明人・半田勝久編『解説子ども条例』三省堂、2012年。

表 1　子ども条例に子どもの相談・救済制度を規定している自治体一覧

条例の分類	自治体
個別条例（子どもの相談・権利救済）	兵庫県川西市、埼玉県、東京都国立市
総合条例に基づく個別条例（子どもの相談・権利救済）	川崎市、東京都江戸川区、名古屋市、東京都小金井市
総合条例	岐阜県多治見市、東京都目黒区、三重県名張市、東京都豊島区、福岡県志免町、愛知県豊田市、札幌市、福岡県筑前町、愛知県岩倉市、愛知県日進市、福岡県筑紫野市、愛知県幸田町、福岡県宗像市、北海道北広島市、愛知県知立市、青森県青森市、北海道士別市、長野県松本市、栃木県市貝町、栃木県那須塩原市、兵庫県宝塚市、長野県、相模原市、三重県東員町、福岡県川崎町、東京都西東京市、山梨県甲府市、福岡県那珂川市、東京都中野区、山梨県、埼玉県北本市、静岡県富士市、愛知県瀬戸市
総合条例（施策推進の原則条例を改正し、子どもの相談・権利救済条項等を追加）	東京都世田谷区、北海道芽室町、兵庫県尼崎市
施策推進の原則条例（子育て・子育ち支援）	秋田県

出典：子どもの権利条約総合研究所「子ども条例に基づく子どもの相談・救済機関（公的第三者機関）一覧：救済機関設置順」（2022 年 10 月現在）をもとに筆者が作成
http://npocrc.org/data

づけとなる。子ども条例に基づく子どもの相談・救済機関（一般に子どもの権利擁護委員などによって構成される）は、「相談者からの相談や情報提供、権利侵害に関する申立て又は自己発意に基づき、情報収集、調査、調整をするなかで、明らかとなった事象から、子どもにかかわる一般行政や教育行政の適正執行のための働きかけや勧告、要請等を行うことを職務とする機関」であると位置づけることができる[13]。

　そこで、条例により調査権限を明記し、関係機関に対してその職務への協力義務規定を、住民や当該自治体の直接の管轄にない機

* 13　半田勝久「名古屋市子どもの権利擁護機関における独立性―― 5 つの視点からの検証」『2021（令和 3）年度名古屋市子どもの権利相談室「なごもっか」活動報告書』2022 年

関・民間団体にはその職務に協力するよう努力義務規定を設けるな
どにより、その活動に対する実効性を高めるような仕組みを採用し
ている。さらには、執行機関や関係機関などに対して、子どもの権
利擁護委員が行った勧告や要請などに関して、どのような是正措置
や制度などの改善を行ったか報告を求めることができるようにして
いる自治体もある。

　川西市や名古屋市など多くの自治体では、条例により首長の附属
機関という位置づけをしている。それにより、いじめや教師の不適
切対応等学校で起きている子どもの権利侵害に関する事象に対し
て、学校や教育委員会からの、独立性を担保し、調査が可能となる。

　他方、世田谷区や江戸川区では、区長部局と教育委員会両執行機
関の附属機関としている。世田谷区では、子どもの権利侵害の事案
は、両執行機関の所掌事務の全体に及ぶため、区全体で子どもの権
利侵害に関する救済等に取り組んでいく姿勢を明確にするためこう
した設置形態がとられていると説明している。

　附属機関は先述した通り、適正な行政執行を促す働きかけを行う
役割を担っている。それを可能にするためには、制度設計におい
て、公的第三者機関としてその独立性を担保できる体制づくりが必
要不可欠となる。

3
子どもの相談・救済機関の成果とネットワーク

① 子どもの相談・救済機関の特質と効果

　これまで、日本の子どもたちが置かれた状況、子どもの相談・救
済機関設置の背景などについて述べてきたが、子どもの相談・救済
機関の特質と効果について記しておきたい。

　第1に、子どもの利益・権利の擁護・促進を目的とし、常に子ど

もの最善の利益を第一に考えていることである。これはまさしく、子どもの権利条約の理念に基づく相談・救済の実践といえる。

第2に、子どもの現実に寄り添い子どもとの対話を重ねるなかで、子どもとともに最善の利益を追求し、そうした活動を通し行動の選択肢を子どもが豊かにもてるようにする、すなわち子どものエンパワメントを図ることである。

第3に、条例に基づく独立した公的第三者機関として、関係機関への調査権限を有し、そうしたことを背景に相談対応や調整活動を行うなかで子どもを巡る関係の再構築に寄与し、問題があった場合には、関係当局などに意見表明・是正要請・勧告などを出す権限を有していることである。

第4に、様々な個々の事案を取り扱った経験により、それらをもとに制度改善につなげていくことができることである。個別の子どもが抱える問題から社会の変革につなげられることが、他の制度との違いである。

第5に、子どもの権利の公的良心の喚起者として、子どもの権利の普及・啓発や、子どもの声を代弁することができることだ。川西市子どもの人権オンブズパーソン条例第7条には「子どもの利益の擁護者及び代弁者」「公的良心の喚起者」、小金井市子どもオンブズパーソン設置条例第1条には「子どもの権利を実現する文化及び社会をつくるため」との規定がある。子どもにやさしいまち・コミュニティの形成に必要不可欠な存在といえる。

② 子どもの相談・救済機関のネットワーク

こうした子どもの相談・救済機関の研究協議の場とともに交流を図ることを目的に2002年度より「地方自治と子ども施策」全国自治体シンポジウム開催に伴い、「子どもの相談・救済に関する関係者会議」が開かれている。同会議は、各自治体における活動状況の報告にとどまらず、研究者がコーディネーターとなり実務者（オンブズパーソン、権利擁護委員、相談員・調査員、事務局担当者等）によ

る非公開の情報交換、制度実践上の課題や制度運営上の課題の検討、事例検討会を行っている。

　ヨーロッパでは、子どもオンブズパーソンヨーロッパネットワーク（The European Network of Ombudspersons for Children：ENOC）が構築されており、同会議は日本版の子どもオンブズパーソンネットワーク（The Japanese Network of Ombudspersons for Children：JNOC）として機能している[*14]。

　近年では、北海道、関東、東海、関西、九州地区といったように地域ごとでローカルネットワークを組み、機関構成員や研究者、弁護士が中心になりながら合同研修会や地域固有の問題等を解決につなげていくような体制を整備していく動きもあり、こども基本法施行後、ますます注目される子どもの相談・救済機関を支えていく役割を担っていくことになる。

4
子どもの相談・救済機関と他機関の違い

① 他の救済機関との違い

　子どもの相談・救済機関と、他の救済機能を持つ機関とはどのような違いがあるのか問われることがある。

　権利救済をする機関としてまず浮かぶのは裁判所である。裁判では、個別案件について事実認定を行い、判決は執行力を有するという特徴がある。しかし、被害の回復方法は金銭賠償が原則であるし、和解をしたり判決が出るまでには年単位で時間がかかることが多く、提訴しても卒業までに終結しなかったり、成人になってしま

* 14　日本とアジア各国の実態をふまえた子どもの権利保障システムの構築については以下の文献を参照。
荒牧重人・喜多明人・森田明美 編『子どもの権利　アジアと日本』三省堂、2013年

ったりすることも少なくない。提訴された個別事件のみを扱うため、制度改善を直接求めることはできず、被害の予防もしにくい。子どもが提訴するには、親権者の同意が必要であるし、裁判所の印紙代や弁護士費用など金銭的負担も多く、子どもが簡単に権利救済を求める手段とはなりにくい。

　子どもの相談・救済機関と同様に相談活動、調査・救済活動、啓発活動を行う機能を持つものとしては、人権擁護委員制度がある。人権擁護に理解のある者から選ばれたボランティアの人権擁護委員が、人権侵犯事件につき、その救済のため、調査及び情報の収集をなし、法務大臣への報告、関係機関への勧告等適切な処置を講ずることなどができる制度である。裁判に比べると結論までに時間はかからない。しかしながら、学校などの対象者が人権擁護委員の意見を尊重する義務は法律上規定されていない。また、人権が侵犯されたという個別事案があることが前提となっているため、個別救済を離れた被害の予防はできない。独立性についても規定はなく、子どもに関する専門家が関与しているわけでもない。

　これらに対し、自治体の子どもの相談・救済機関[*15]は、子どもの権利について優れた識見を有し、第三者として独立性を保持できる者が子どもオンブズパーソンや子どもの権利擁護委員に任命され、相談・調整活動・勧告・子どもの権利の普及啓発などを行っている。相談・救済機関の多くは、相談者である子どもの支援や申立てによる個別救済を行い、場合によっては、権利侵害した機関などに対して勧告や要請などを出すことができる。裁判に比べれば比較的短期に、かつ、金銭賠償以外の現実的な被害回復（例えばいじめや体罰などがあった場合に、安心して登校できる環境を整えることなど）が可能であるし、学校など自治体の機関に対しては条例で協力義務が規定されているため[*16]、調整活動や勧告の効力が及びやす

[*15] 設置の根拠となる条例により仕組みが異なるが、本書では代表的なものを想定して記載する。
[*16] 例えば、豊田市子ども条例23条1項は、市の機関に擁護委員の独立性の尊重とその仕事の積極的な支援をする義務を規定し、24条で勧告や要請を受けた場合は、

い。また、相談や相談傾向（モニタリング）から、個別の問題ではなく、構造の問題と捉え、自治体全体の問題として問題提起し（「発意」という）、制度改善勧告につなげ、同じような権利侵害が起きないよう予防することができるのが大きな特徴である。

② 他の相談窓口との違い

　子どもの相談・救済機関と、自治体などが設置する相談窓口の違いを問われることも多い。

　いわゆる相談窓口の多くは、教育・医療・法律・虐待・いじめなど、相談者自身が主たる問題を整理し解決策を考え、相談先を選ぶ必要性がある。

　これに対し、子どもの相談・救済機関は「どんなことでも困っている子はいつでも電話してきてね」というスタンスで広く相談を受け付ける。「困っている」「つらい」の背景には、子どもの権利を侵害する環境があることが多いからである。

　例えば、いじめの相談窓口に電話をするには、自分が「いじめられている」ということを認めたうえでの相談となる場合も多い。いじめの被害者は、自分が「いじめられている」と認識していない、もしくは認めたくないという思いもあるため、いじめの初期にいじめを対象とする相談窓口に相談することは精神的な負担も大きい。子どもの相談・救済機関においては「いじめ」を主訴としなくても、「人間関係がうまくいかない」などとして相談することが可能となる。また、「いじめ」としての相談であっても、教員の不適切な対応がいじめを誘発している場合、発達障害の児童生徒への支援が不足している場合、加害児童の背景に虐待がある場合など、その背景には様々な問題が隠れていても、包括的なアプローチをとることが可能となる。また、子どもの相談・救済機関では、初回は友人関係の相談をしていたものの、相談継続している間に信頼関係がで

速やかに応じ、その対応状況の報告義務を規定している。

き、虐待について相談される場合などもあり、相談範囲に限定がないことが大きい。

　子どもの相談・救済機関は、他の相談窓口と異なり、相談者自身が、相談の内容を整理し解決方法を考え、相談窓口を選択する必要がなく、相談者の「困っている」「つらい」を契機に相談し、相談・救済機関側がつらい思いに寄り添うなかで問題を見立て、整理し、ともに対応策を考えるという点に大きな特徴がある。

③ 個別相談を契機に制度改善を行った事例

　子どもの相談・救済機関と他の機関との違いがわかる例として、豊田市子どもの権利擁護委員が実際に行った事例をあげる[*17]。

　放課後児童クラブに問題のある指導員がいて困っているとの相談が豊田市子どもの権利擁護委員にあった。子どもの権利擁護委員は、相談をした当該児童に対する問題だけではなく、その放課後児童クラブに参加する子ども全体に関わる問題と考え、個別救済ではなく発意とし、調査を開始した。調査の過程で、他の放課後児童クラブでも指導に関しての抗議や苦情が寄せられていることがわかり、豊田市内の放課後児童クラブ全体に対して調査を行うことを決定した。子どもの権利擁護委員は、放課後児童クラブの所管である豊田市子ども部次世代育成課、当該クラブ担当主任指導員及び指導員、当該小学校校長、子ども、保護者などから話を聞いた。また、全クラブアンケートと全指導員アンケートを実施したところ、不適切な対応をされた経験をもつ児童が30％もいること、60％を超える指導員から支援が困難な子どもたちへの対応の難しさの訴えがあること、豊田市子ども条例が普及していないことなどが判明した。

　そこで、子どもの権利擁護委員は、豊田市に対し、①豊田市子ども条例を学ぶ指導員研修の実施、②指導が困難な子どもについての研修の実施、③指導員の処遇の向上・適正配置・施設設備の充実の

………………………………………………………………………………
＊17　木全和巳『子どもの権利とオンブズワーク　豊田市子ども条例と権利擁護の実践』かもがわ出版、2017年、第9章

078

表２　権利救済機能をもつ機関とコミッショナーの役割比較

	判断権者	独立性	被害の回復	回復までの時間	個別の訴え	勧告の効力	調査・制度改善による被害の予防
裁判所	裁判官	あり	原則金銭賠償のみ	長時間	必要	勧告できない	不可
人権擁護委員	人権擁護に理解のある者	なし	調整、勧告など	比較的短期	必要	（個別事案の）勧告への尊重義務なし	不可
自治体子ども権利救済機関※	子どもの権利の専門家	あり	①調整活動による回復②調整不能であれば勧告・要請	比較的短期	必要（申立て）不要（自己発意）	尊重義務・制度改善などの報告義務など	基礎自治体レベルでは可。都道府県や国の制度に対しては不可
子どもコミッショナー※※	子どもの権利の専門家	あり	①調整活動による回復②勧告・要請	比較的短期	必要（申立て）不要（自己発意）	尊重義務・制度改善の報告義務など	可

※基礎自治体に設置された代表的なものを想定
※※子どもコミッショナーに個別救済機能を付与する場合を想定

権利救済は３種類
①子どもの申立てがある場合（個別救済）
②子どもの声を契機に制度の問題等個別案件にとどまらない調査を開始する場合（自己発意）
③子ども自らが声をあげることが難しい場合でも、モニタリング等を契機に調査を開始する場合（自己発意）

速やかな実施を行うよう制度改善要請を行うとともに、制度改善が実施されているか５年間の経過報告を求め、豊田市は対応策を講じた。

　裁判などでは、個別の訴えに対する個別の救済の範疇を出ることができず、同じような子どもの権利侵害が繰り返されることになるが、子どもの相談・救済機関があれば、豊田市の事例のように、個別の相談や、類似の相談から全体の構造的問題としてとらえ、同じような被害を予防することが可能となる。

　しかしながら、自治体の子どもの相談・救済機関は、条例に基づく制度である。そのため、例えば市の条例によって子どもの権利擁護委員制度がある場合、都道府県立学校や国立学校には協力義務が課せられない、勧告が出せないなどの限界がある。

　例えば、豊田市子どもの権利擁護委員制度の窓口である豊田市子

どもの権利相談室「こことよ」には、「内申点に響くのではないか
と心配で、教師の問題を学校に相談できない」という声が届いてい
る[18]。しかしながら、内申点制度は豊田市ではなく、愛知県の問題
であり、豊田市子どもの権利擁護委員が対応するには限界がある。
また、名古屋市子どもの権利擁護委員制度の相談窓口である「なご
もっか」には、教員による不適切対応、特に教師による子どもの尊
厳を無視した暴言の相談が毎年多数届いている[19]。教師による暴言
が起きやすい背景に、教職課程の問題や教員の多忙化による余裕の
なさがあるのであれば、国の所管を含むこととなり、地方自治体の
子どもの相談・救済機関である名古屋市子どもの権利擁護委員では
対応には限界がある。

　したがって、子どもの権利を守るためには、地方の子どもの権利
擁護委員だけではなく、国の子どもコミッショナーが必要である。
そして、子どもコミッショナーは自治体の子どもの権利擁護委員と
協働することが子どもにやさしい社会をつくるために重要となる。

＊18　間宮静香「過去3年分の学校に関わる相談の傾向と分析」『平成29年度豊田市
子どもの権利擁護委員・とよた子どもの権利相談室活動報告書』
＊19　『名古屋市子どもの権利相談室「なごもっか」活動報告書』2020年度、2021年
度

子どもコミッショナーは
なぜ必要か

　2022年6月15日に成立した「こども基本法」（与党提出の議員立法）と「こども家庭庁設置法」（その関連法。内閣提出）には、子どもの権利が守られているかどうかを独立の立場から監視する制度の設置が見送られた（子どもコミッショナーは国際的には子どもオンブズパーソンと同義で使われる）。反対の理由としては、「誤った子ども中心主義になる懸念がある」とか、「恣意的な運用や暴走のおそれがある」とかいわれている。国連・子どもの権利委員会が日本に対する総括所見において繰り返し指摘してきた。また、世界では80以上の国や地域で、日本では40以上の自治体で子どもオンブズパーソン制度が導入されているにもかかわらず、である。ただし、ただ第三者機関を設置すれば良いというわけではなく、視点、人選、権限（相談、調査・勧告・制度提言等）、勧告等の取扱い（尊重義務、報告・公表）、独立性、活動状況の報告、さらに実際の活動などが重要になる。

　これに対して、日弁連「子どもの権利法案」では、国連・子どもの権利条約を背景に子どもを権利の主体として位置づけ、その法案のなかで第5章として「子どもの権利擁護委員会」を詳細に規定している。その権限として、子ども等からに応じて子どもの権利侵害に対して救済を提供すること、申立てまたは自己発意で子どもの権利の保護・促進について勧告等を政府等に対して行うこと、データに基づいて子どもの権利状況を監視すること、子どもの権利についての意識啓発を図ること等が示されている。

　子どもコミッショナー（自治体では子どもの権利擁護委員制度という名称が多い）では共通の役割として、①独立性、②相談・救済、③制度改善等、④子どもの権利・条約の普及、それに加えて⑤子どもの意見表明・参加、をあげることができる。いずれも、川西市「子どもの人権オンブズパーソン制度条例」（1998年）の制定に時に構想していたことである（川西市の実際の運用過程で、子どもが立ち直り、成長していく関係づくりの「調整」という役割が追加され、重視された）。

　この子どもコミッショナーは、基礎自治体と都道府県と国と、各レベルで役割が違ってくる。基礎自治体では、個別の問題解決を積み重ね、それらをふまえて（＝個々の権利侵害の背景にある問題の解決に向けて）制度改善等を行うことが中心になる

（このことはまさしく権利侵害に対する予防にもなる）。それに対して国レベルでは、（子どもの意見を聴きながら）国会や政府に対して制度改善等の勧告をすることが中心になる。都道府県はその中間で、国や基礎自治体での子どもコミッショナーの設置内容によって変化する。

　ここでは、2つのことを触れておきたい。1つは、「子どもに寄り添う」「子どもの立場にたつ」の意味である。裁判官でも、検察官でも、弁護士でもなく、「子どもの最善の利益」という視点で問題の解決にあたるということである。そこには当然、「問題解決」の主体としての子どもを位置づけ、子どもの意見表明・参加やエンパワメントが図られることになる。

　もう1つは、なによりも、とくに子どもからのアクセスの保障をどうするかということである。

　まずは存在を知ってもらうことが肝要である。「知る」「分かる」「活用する」のハードルを1つずつ越える必要がある。それには、広報物およびその内容や配布の工夫が重要になる。例えば、自治体では、カードや「たより」を発行したり、絵本・紙芝居・劇・ロールプレイや「出前」型の広報、「人権教室」の開催等を行ったりしている。フリーダイヤルカード、メール、さらにSNS等の手だてを活用している自治体もある。

　また、子どもの「居場所」づくりも大切である。安全で安心できる場所・人間関係のなかでこそ、SOSや意見が出せるし、発見できる。

　以上の点は、国レベルで子どもコミッショナーを設置する際にも押さえておいてほしい。

　また、とくに子どもコミッショナーのような独立機関の設置については、衆議院内閣委員会の附帯決議（5月13日）の十二等をふまえ、引き続き積極的に検討していかなくてはならない（参議院内閣委員会〔6月14日〕でも十五で同様）。

　自治体では「子ども（の権利）条例」の制定や実施について多くの経験や蓄積がある。このような自治体の取り組みを推進し、条例の実施、子どもオンブズパーソンの経験を踏まえることも必要である。

［荒牧重人］

第4章
子どもの SOS からの救済
——子どもの相談・救済機関における 子どもオンブズワーク

半田勝久

日本体育大学准教授

　我が国における自治体に設置された子どもの相談・救済機関は、子どものSOSのサインや声を受け止め、子どもの最善の利益を第一次的に考慮し、必要に応じて関係の調整や是正を講ずることにより権利擁護を図り、もって子どものエンパワメントを支援する役割を果たしてきた。

　相談・救済機関の重要な職務は、第1に日々の相談業務（電話相談・メール相談・来所相談等）、第2に調整活動（支援・調整活動、申立てや発意に基づく調査を通じた調整活動）、第3に調査活動とそれに基づく勧告、意見表明・改善等の提言活動、第4に子どもの権利に関する教育、普及・啓発、子どもの相談・救済機関の広報活動などがある。これらは総じて「子どもオンブズワーク」（Ombudswork for Children）と呼ばれている。

　本章では、日本の自治体の子どもの相談・救済機関で積み重ねられてきた実践をもとに、子どもオンブズワークの実際と基本理念・考え方について述べていくこととする。

1
子どもの相談・救済機関の職責

① 子どもの相談・救済機関の職務

　　それぞれの自治体の根拠条例によって差はあるものの、相談・救済機関の職務は、概ね以下のようになっている。

　　①子どもの権利侵害について、子どもや保護者、関係者からの相談を受け、子どもの権利回復やそのために必要な助言及び支援（適切な関係機関につなぐことを含む）をすること

　　②子どもの権利侵害に関する救済の申立て又は自己の発意に基づき、調査や関係者間の調整をすること

　　③調査や調整の結果、必要に応じて是正等の措置の要請や勧告をしたり、制度等の改善のための意見表明をしたりすること

　　④要請、勧告、意見表明をしたものに対して、是正措置や制度改善などの状況等の報告を求めること

　　⑤活動状況を報告し、その内容を公表すること

　　⑥子どもの権利や権利擁護に関する普及・啓発をすること

　　⑦救済の対応が終了した子どもについて見守りなどの支援をすること

② 子どもの相談・救済機関の責務

　　条例によって、子どもの相談・救済機関の職務の範囲は異なるとしても、1999年に川西市において子どもオンブズパーソン制度が創設されて以降、自治体における子どもの相談・救済機関は、パリ原則及び子どもの権利条約一般的意見2号を踏まえて、その責務を具現化しようと実践を積み重ねてきたものといえる。

　　子どもの権利に則して換言すると、以下の5点に集約できる。

(a) 子どもの権利擁護及び代弁（意見表明、勧告、提案及び報告の提出含む）

(b) 子どもの権利条約・子どもの権利条例の実施・報告

(c) 子どもの権利に関する普及・啓発

(d) 他自治体などの子どもの相談・権利救済機関とのネットワークの形成

(e) 子どもの権利の公的良心の喚起

2
子ども条例に基づく子どもの相談・救済活動の実際と考え方

　それでは実際の子どもの相談・救済活動はどうであろうか。すべての自治体の子どもの相談・救済機関の活動が前項のような理想的なものとなることは現実には難しいとしても、それでも実際の活動をする際には、次のような形態で行われている。

① 相談のための環境整備

　相談は子どもにやさしいやり方で受理することを心掛けており、機関の相談体制によっても異なるが、電話、電子メール、手紙・はがき、FAX、面談など子どもが利用しやすい手段により、子どもがアクセスしやすい時間帯・場所でサービスを提供するよう工夫している。特に、相談者の経済的な状況に左右されないようフリーダイヤルが設置されている場合が多く、住んでいる場所でアクセスに関して不利益にならないよう相談者の居住近くの公共施設などでも面談するように工夫している。

　札幌市では、SNS（ソーシャルネットワーキングサービス）が子どもにとって身近なコミュニケーションの手段となりつつあることからLINE相談（コミュニケーションアプリ）を通年で実施するようになった。

電話や対面の面談などでは自分の思いを十分に伝えられない子どももいることを踏まえ、相談手段は多様なことが理想的である。コロナ禍のなか、オンライン上でのビデオ通話による相談の導入も検討課題となっている。

② 相談の入口

相談の入口が手紙・はがき、FAX、メールなど文字ツールの場合、「友達に仲間はずれにされてつらい」「先生の暴言がひどくてやめさせてほしい」といった短文のみが送付されてくることもあるし、そのときの状況や感情が伝わってくる文面のこともある。機関からの返信は、文面から読み取れる感情について共感しながら、一つひとつ内容について確認したり、できそうな解決策を提案したり、引き続き一緒に考えることもできる旨を記した文案を複数で話し合ったうえで作成している。志免町では、コロナ禍の影響を受けて、子どもと手紙交換をする仕組みをつくっている。

小学校低学年には鉛筆で文字を書く文化は定着しており、手紙・はがき相談は情報端末を持っていなくても気軽にやりとりができ、メール相談は自分のペースで考えながら気持ちを整理していける面などで効果が高いと考えられる。

電話相談の場合、まずは、相談員・専門員（心理学・福祉学・教育学などの知識や資格等を有した相談・調査の専門職）が相談者から丁寧に話を聴き取るのが一般的だ[1]。電話相談は1回で終了する場合もあるが、そのなかで、子どもや家庭の支援が必要であったり、学校や施設など子どもが生活している環境に働きかけたりした方がよいと考えられる案件があると、子どもオンブズパーソン（「子どもの権利擁護委員」「救済委員」等と条例によって名称は異なる。以下、「権利擁護委員」）につなげられる。

....

[1] 条例や規則等によって、相談・調査の専門職を常設で置いている自治体は約6割である（子どもの権利条約総合研究所によると2022年10月現在、開設前の山梨件を除く43自治体のなかで26自治体、p.184-187参照）。

　　札幌市のように、電話やメールで相談を受ける「相談員」、関係機関への調査や関係者間の調整活動を担当する教育、福祉、人権・法律の専門家である「調査員」、相談、調査、調整活動を行う専門的知識を持った「救済委員」（弁護士や大学教員）といった、三層構造をとっている自治体（埼玉県も同様な制度）もある。

　　子どもの権利侵害を取り除くオンブズワークが必要な場合には、子ども本人の表情や声を感じながら直接話しを伺えるよう、来所が可能であるか、住んでいるところから近くの自治体の関連施設などで会うことができないか、子どもや保護者に提案していく。

③ 子どもとの面談

　　面談が可能になると、保護者同伴の場合は相談の概要を聴き取りした後、本人・親に同意が得られた場合、親が同席しない形で子どもとの面談を実施し、子ども自身の気持ちやニーズを把握することが重要視されている。

　　子どもとの面談は、子どもの現状や気持ちをできる限り子ども本人から丁寧に聴き取り（感じ取り）、現在起きている問題やその解決の糸口について把握したうえで、子どもが何に苦しんでいるの

子どもにやさしい相談環境の整備（電話、メール、手紙、はがき、面談など）

⇩

子どもが何に苦しんでいるのか、どういう気持ちでいるのか

⇩

子どもの現状や気持ちをできる限り子ども本人から丁寧に聴き取る（感じ取る）

⇩

現在起きている問題やその解決の糸口について把握

⇩

どういった方法で子どもの気持ちを尊重していけばよいのか

　　本人とともに考えていくことを心がけている

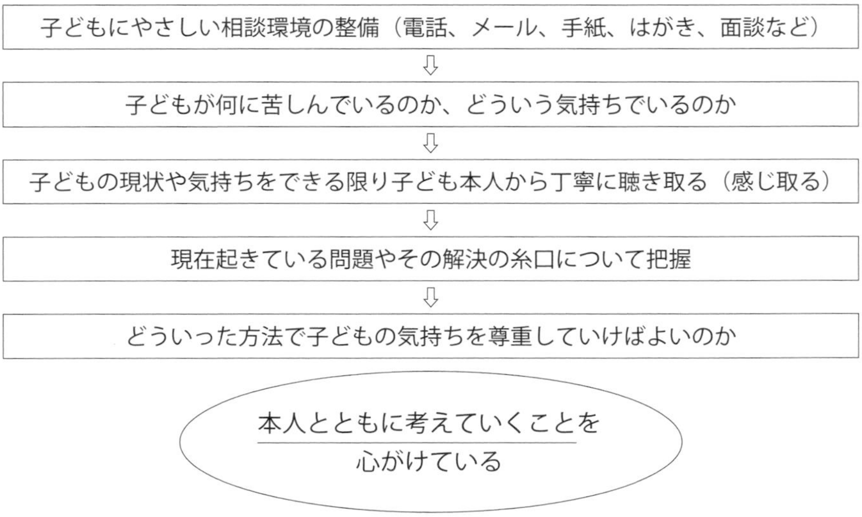

図1　子どもの相談・救済機関における子どもへのアプローチ

か、どういう気持ちでいるのか、どういった方法で子どもの気持ちを尊重していけばよいのか本人とともに考えていくことが心がけられている。

④ 個別案件の検討とケース会議

個別案件の対応に関しては、合議制もしくは独任制が採用されている。たとえば、世田谷区では案件への対応は子どもサポート委員の独任制を基本とし、申立て案件や自己発意案件に関しては子どもサポート委員の合議で方針を決めている。個別案件のケース検討は担当者間で随時行い、月に2回程度開催しているケース会議で報告し、子どもサポート委員と専門員で方針を確認している。

自治体の制度設計によってそれぞれ違いはあるものの、子どもの相談・救済機関は、子ども本人の意向をもとに、権利擁護委員と相談員・専門員がそれぞれの専門性を背景に、子どもの最善の利益実現の方向を探り、機関として方針を検討しながら活動していくことに特徴がある。

3
学校など関係機関等への訪問

権利擁護委員が関係機関等に訪問する案件は、子どもとの面談のなかで語られた「安心して過ごせるように先生に話をしてきてほしい」「自分の気持ちを伝えてきてほしい」「解決方法について一緒に考えてきてほしい」といった思いを受け、「支援」「代弁」「解決への働きかけ」を目的とする事案が多い。ここでは、関係機関等へ訪問する準備や関係当事者との面談の実際について述べていく。

① 親の思いと子どもの思いのズレ

相談者である子どもの気持ちや現状、起きている事象を踏まえ、

　学校など関係機関等の現場に訪問するか否かは、子どもの気持ちを尊重することが何よりも重要である。そこでは、親の思いと子どもの思いに差が生じている場合もある。

　たとえば、「学校・教職員等の対応」が主訴の場合、親は学校に是正要請をしてほしいとの思いがある一方、子ども自身はそのような対応をされると学校に行くのが気まずくなり、先生との関係が悪くなることを避けたいといった思いが語られることがある。また、子どもが親の学校への強い怒りを感じ取り、本当の自分の気持ちが分からなくなってしまっていることや、子どもの不安な気持ちから親がパニックになっていることなど状況は様々である。

　そこで、どうすれば「子どもの最善の利益を実現することができるのか」といった観点から、子どもの解決イメージを確認・共有し、学校などの関係機関等に訪問する目的や内容、面談する関係当事者等を明確にし、親の解決イメージと差が生じている場合には、親に子どもの気持ちを理解してもらうことが解決のカギになる。

② 関係機関等への訪問準備

　関係機関等に訪問する場合は、子どもとの面談で確認できたことをもとに、誰に対して、どういったアプローチをすれば解決に向けて効果的な活動となるのか事前にケース会議等で検討している。問題の所在を確認するとともに、解決イメージを共有することで、訪問の目的、聴き取り内容、伝える内容、子どもの支援体制をどのように構築するかなどが想定できる。

　学校に訪問して面談をする場合は、管理職（校長・副校長・教頭など）に同席してもらうことが大切となる。管理職がこの事案をどのように把握し、対応しているか、経緯を確認することで、問題の所在を概ね把握できる。そのうえで、担任、学年主任、養護教諭、スクールカウンセラーなど関係当事者から話を聴くことが効果的となるし、トラブルを回避することにもつながる。複数日に分けて面談を設定するかについては、状況に応じた対応が求められる。

③ 関係当事者との面談

　権利擁護委員によって関係当事者との面談内容やアプローチ方法は様々であるが、世田谷区ではまずは機関の説明、相談の経緯、訪問の目的を説明した後、関係当事者から、普段の子どもの様子について話を聴いていく。子どもの特徴、周囲の子どもとの関係、教職員等おとなとの関係などについて聴き取りし、当該子どもをどのように捉えているのか把握していく。

　問題になっている事象の経緯や現状を確認するときには、問題が生じた場面などをふり返り、このとき起きた事象をどのように捉えているのか丁寧に話をうかがいながら、子どもの気持ちと関係当事者の思いにズレが生じていないか情報を整理していく。条例上の「調査」ではないため、事実認定をするための聴取ではなく、その事象をどのように捉えているかという認識について確認している。そして、関係当事者に子どもの気持ちを伝える場合は、子どもはそのときどういった気持ちであったか、今どういった気持ちでいるのかを代弁していく。関係当事者はこうした子どもの気持ちにとても驚き、場合によってはボタンの掛け違いにショックを受けられることもある。

　そのうえで、関係当事者の気持ちを受け止めながらズレを修正し、子どもが安心して生活するための方法や関係の修復などについて検討していく。そこでは、子どもの最善の利益を第一次的に考慮し、解決のためにできること、やらなければいけないことなどについての改善策について検討いただくよう話を進めていく。

　子どもにフィードバックする内容を確認し、今後機関としてどのような支援ができるかを伝えておくことも関係当事者との信頼関係につながる。

④ 学級などでの子どもの様子の参観

　子どもの状況やその背景をより明確に把握するために、必要と思

訪問するか否かは、子どもの気持ちを尊重	
・親の思いと子どもの思いにズレがある場合もあることに留意	
教職員など関係当事者から当該問題の経緯や現状を確認	
・関係当事者に是正要請することを前提とせず、ともに解決につなげたいという姿勢で	
子どもの気持ちを代弁	
・子どもはそのときどういった気持ちであったか、今どういう気持ちでいるのかを代弁	
子どもの気持ちと関係当事者の思いとのズレについて把握	
・思いのすれ違いはどこにあったのか	
ズレを修正、関係を修復するための方法などについて検討	
・子どもの最善の利益の観点から	
子どもにフィードバック	
・関係当事者にフィードバックする内容を確認	
子どもの気持ちの整理や問題解決につながったか確認	

図 2　学校など機関等に訪問する事案

われるときには、学級などで子どもの様子を観察することもある。教室の外や後ろの方から授業や休み時間の様子を観察したり、朝から教室で一緒に授業を受け、給食を食べたりして参与観察をすることもある。そのうえで、先生方と話し合い、合意を得た場合、一定期間教室などで子どもたちと過ごすなかで、子どもたちがどのように感じているか、どういった場面でトラブルは起きるのかなど把握していくこともある。

　川西市、世田谷区、国立市他においては、学級がうまく機能していないクラスや学年に一定期間にわたり訪問し、子ども・教職員等と話し合いを繰り返し、支援や調整活動を行ったケースもある。

⑤ 子どもへのフィードバック

　相談者である子どもが望んでいる場合は、関係機関等への訪問についてフィードバックしている。親ともその内容を共有するなかで、子ども自身の気持ちの整理や解決につながったかを確認し、子ども自身が「もう大丈夫」「相談してよかった」と思えるようにな

るまで、繰り返し関係機関等へ訪問し支援を続けていく。その後も子どもが安心して過ごしているのかなど見守り支援していく。

4
調査・調整とは

　関係当事者との対話を積み重ね、働きかけをしたとしても状況が改善されない場合は、権利侵害を取り除くための申立てを受け、調査を開始することもある。相談から関係機関等への「代弁」「解決への働きかけ」等の手順を踏まず、はじめから申立てに基づき調査を開始することもある。

　申立てによる調査は、原則相談者が特定される。そのため、不利益にならないような形式での調査を希望する場合や、匿名の相談、独自で入手した情報等をもとに、自己発意により調査を行うことができる自治体もある。

　調査の結果、必要があると認められるときには、子どもの権利侵害を取り除くための調整を行い、関係機関等に対して是正要請や意見を述べることができる仕組みになっている自治体が多い。

① 申立てや自己発意による調査と協力義務

　申立ての手続きは、条例によって定められている。申立てがなくても、子どもの権利が侵害されていると思われるときは、権利擁護委員の自己発意で調査を行うことができると規定している自治体もある。名古屋市は、そうした場合は「調査を行わなければならない」（条例第13条2）とより積極的な規定となっている。

　権利を侵害された子どもまたは保護者からの申立てによるものでない場合は、当該権利を侵害された子どもまたは保護者の同意を得なければならない。なお、当該子どもの生命または身体の保護を図るために必要がある場合であって、同意を得ることが困難であると

認めるときは、この限りではない。

　調査を実施する場合は、関係機関等に「調査実施通知書」により通知した上で、その施設に立ち入って調査をし、または関係機関等に調査のために必要な書類を提出するよう求めることや質問をすることができるようになる。首長部局や教育委員会以外の関係機関等の施設に立ち入って調査をする場合は、当該関係機関等の同意を得なければならない。

　条例には、行政の関係機関には協力義務、それ以外の機関には協力への努力義務を規定するなどして、権利擁護委員の活動に対する実効性を高めるような仕組みを採用している。

② 「調整」の意味

　条例によって「調整」の位置づけも異なっている。「調整」については、川西市のように条例上規定されていない自治体もあれば、豊田市や世田谷区のように申立てや自己発意による調査の過程で、調整を行うと規定されている自治体もある。相談対応の過程のなかで「支援」「代弁」「解決への働きかけ」は「調整」とほぼ同等の意味で取り組まれ、調査を実施する過程においても申立人と本人を囲む関係者や関係機関等の関係性にかかわって、さまざまに取り組まれる。

　川西市の仕組みを設計した吉永省三氏は、子どもの権利を基盤とした対話的アプローチが、子どもの相談・救済では何よりも重要であり、「調整」は子どもの権利条約に直接根ざした、優れて実践的な機能であり、相談や調査、救済や勧告といった子どもオンブズ制度のさまざまな過程や場面で、その機能発揮が期待されると言及している[2]。また、豊田市子どもの権利擁護委員の大村惠氏は「相互理解と相互承認、解決に向けた合意形成を促すための調整活動こそ

---

* 2　吉永省三「子どもの相談・救済——川西市・川崎市・埼玉県・東京都など」子どもの権利条約総合研究所編『子どもの計画ハンドブック』（子どもの権利研究第 14号）、日本評論社、2009 年、127-128 頁

制度の役割として重要である」と述べている[*3]。すなわち、子ども
の声や思いをもとに、権利擁護委員が代弁しながら、すれ違っている子どもとおとな、子どもどうしの関係を対話という手法で調整するなかで、お互いの気持ちを橋渡しし、それぞれを理解し尊重する過程を通じて、関係を再構築していく働きが「調整」の優れた機能といえる。

③ 子どもの相談・救済機関における調査の限界と役割

調査における、権利侵害行為の事実認定は、裁判とは違い限界がある。しかし、裁判とは異なり迅速に多人数から聴き取りができるなどのメリットがあり、子どもの問題の解決に必要な素早い解決が可能となる。

権利擁護委員は事実認定をして、相手を罰したり、処分したりする権限を持っているわけではない。子どもの傷ついた気持ちや苦しい思いをもとに、そうした状況になった背景を整理し、権利侵害行為があったと認められる場合は是正を要請し、権利侵害とはいえない場合であったとしても、子どもの置かれた状況を改善につなげるよう働きかけていくことが子どもの相談・救済機関の役割といえる。

④ 制度改善等への取り組み

権利擁護委員は申立て案件や自己発意案件を取り扱った結果、権利侵害の状況が引き起きる要因が、当該自治体の制度や仕組みにあると認められる場合は、制度見直しや改善のための要請や意見表明等を行うことができる。

行政等に対して、当該事項に対する対応状況等の報告を求めたり、その内容を公表したりすることにより、問題の所在を明らかにし、執行機関に制度改善を促す役割を担っている。

....

*3　大村惠「豊田市　子どもの権利擁護委員の活動」喜多明人・荒牧重人・森田明美・内田塔子・半田勝久編著『子どもにやさしいまちづくり〔第2集〕』日本評論社、2013年、152-155頁

　名古屋市子どもの権利擁護委員条例では、委員が行った勧告又は要請などに関して、執行機関や関係機関など勧告や要請を受けた者はこれを尊重しなければならないとし（第 15 条）、是正等の措置又は制度の改善の状況について報告を求めることができるようになっている（第 16 条）。報告の内容等を踏まえ、必要があるときには再調査等を行うことができ、改めて再勧告できるようになっている（第 17 条）ことは、全国にも見られない特徴となっている。

5
子どもの権利に関する普及・啓発、広報活動

① 子どもへの普及・啓発、広報活動

　権利擁護委員が担う子どもへの子どもの権利に関する普及・啓発、子どもの相談・救済機関の広報活動は、権利行使の主体である子ども自身が子どもの権利について理解し、自己及び他者を尊重し、苦しいときや悩み事・心配事があるときに安心して子どもの相談・救済機関を活用できるようになることが第一義的な目標となる。

　そのためには、第 1 に、機関に親しみを持てることが大切である。機関の名称やキャラクターは、印象に大きな影響を及ぼす。たとえば、世田谷区の機関略称「せたホッと」やマスコットキャラクター「なちゅ」、名古屋市の子どもの権利相談室「なごもっか」のマスコットキャラクター「なごもん」は、公募によって採用され、子どもには広く認知され、なじみのあるものとなっている（図3）。マスコットキャラクターの印刷された定規、クリアファイル、マスキングテープといった広報・啓発物は人気が高い。

　第 2 に、相談カードやリーフレットの内容が、分かりやすく工夫されている必要もある。どんな気持ちのときに相談すればいいのか、実際に相談した場合、どのように相談から救済に至るのかフ

世田谷区　機関略称「せたホッと」
マスコットキャラクター「なちゅ」

名古屋市　相談室愛称「なごもっか」
マスコットキャラクター「なごもん」

図3　マスコットキャラクター

ローチャートを示すことも有効的である。近年では、すぐに検索で
きるようウェブサイトに加え、Twitter、Instagram、YouTube など
の SNS で広報している自治体も増えてきた。

　第3に、子どもの居場所である学校や児童館等に出かけていき、
権利擁護委員や相談員・専門員が子どもの権利や機関に関して、全
校集会や授業などで直接語りかけることも効果がある。宗像市では
開設初年度前半に市内の全小中学校に訪問し、全校集会や始業式、
終業式など全校児童生徒が集まる機会に紙芝居やプロジェクターを
使って子どもの権利や相談室についてのプレゼンテーションを行っ
ており、工夫を凝らした活動で、開設2年あまりで相談室の認知率
が95.1％となった[*4]。また、豊田市においては、2010年度から小・
中学校において「子どもの権利学習」を行い、2019年度からは中
学校子どもの権利啓発事業としてワークショップ形式での教員向け
研修と全校生徒向けの講演をセットで実施している。

　第4に、子どもたちが子どもの相談・救済機関を訪問するなか
で、広報を行っている自治体もある。川西市は小学3年生の市役所

＊4　甲斐田修「公的第三者機関の広報・啓発――むなかた子どもの権利相談室「ハ
ッピークローバー」」荒牧重人・半田勝久・吉永省三編『子どもの相談・救済と子ど
も支援』日本評論社、2016年、188-195頁

見学や中学2年生の職場体験活動「トライやる・ウィーク」等の機会を活用し、オンブズパーソンと直接会っての話し合いや、相談員との模擬研究協議などの活動を行ったりする体験等を行っている。このような直接の出会いが契機となって、相談につながることもある。

　第4に、いじめ予防授業を実施する等、具体的なケースにかかわって子どもの権利について考える取り組みを行っている自治体もある。世田谷区では、弁護士会の協力のもと、いじめ予防授業を実施し、いじめ事案から子どもの権利について考える取り組みを行っている。

② おとなへの普及・啓発、広報活動

　おとなへの子どもの権利に関する普及・啓発、子どもの相談・救済機関の広報活動においては、子どもの周りにいるおとなが子どもの権利についての理解を深め、子どもの発達や育ちを支える環境整備に生かすことができるような知識や情報を提供したり、子どもの相談・救済機関の実際について説明したりしている。

　第1に、PTA主催の講演会等において、主に保護者対象に子どもを取り巻く状況の理解や子どもとの接し方など講演会を実施している。

　第2に、自治体が実施する職員研修や教育委員会が実施する教職員研修を権利擁護委員や相談員・専門員が担当している自治体も多い。また、校長会など管理職の集まる場で、子どもの相談・救済機関の説明や意見交換等を行っている。

　第3に、年次報告会を開催し、相談や調整の概要を紹介したり、子どもの権利に関する講演会を行ったりするなど、地域住民への広報・啓発を行っている自治体もある。

　第4に、要保護児童対策地域協議会やいじめ防止対策協議会といった自治体の関係機関などが集まり協議する会合においては、関係する案件などを紹介したり、専門的意見を述べたりする機会も増え

てきている。

　このように、保護者、教職員、地域住民、関係機関等とのかかわりにおいて、子どもの権利という視点からアプローチできる機会を増やしていくことは、子どもの相談・救済機関を活用することにもつながり、結果として子どもにやさしいまちづくりに貢献することになる。

6
子どもにやさしいまち・
コミュニティの形成に向けて

　子どもの相談・救済機関は、執行機関や関係当事者にとって"敵"ではない。これは、日本で初めて川西市にオンブズパーソン制度が創設されて以来、数多くの子ども・保護者をはじめ、多くの学校の教職員や関係機関等から寄せられた感謝や期待の声にあらわれている。

　さらには、こうした「子どもの最善の利益の実現」といったアプローチが、関係当事者の困りごと解決や子ども・保護者への向き合い方の変容にもつながっている。

　日本では、自治体における子どもの相談・救済機関が子どもオンブズワークを実践し、成果を積み重ねてきた。こども基本法成立を契機として、国連・子どもの権利委員会の勧告を踏まえ、国レベルで子どもコミッショナー、自治体レベルで子どもの相談・救済機関が設置され、双方が連携・協働することにより、子どもにやさしいまち・コミュニティの形成に寄与することが期待されている。

第5章
自治体の子どもの相談・救済機関のグッド・プラクティス

野村武司
日本弁護士連合会子どもの権利委員会幹事
東京経済大学教授

1
はじめに

　すでに第3章で見たように、日本では、国に先行して、条例に基づく子どもの相談・救済機関の設置が増えてきている。こうした動きは、国連・子どもの権利委員会の日本の審査において、一定の評価を受ける一方で、第3回の総括所見では、地方自治レベルの子どもオンブズパーソン（子どもの相談・救済機関）に関して、権限、独立性、職務および財源等の情報がないことに遺憾が示され、第4・5回のそれでは、「財政面および人事面の独立性ならびに救済機構を欠いている」（パラ12）との指摘がなされている。

　わが国の子どもの相談・救済機関は、国のしくみがない中、現実の子どもまたは子どもたちを、相談を通じて救済につなげる必要から展開されてきたもので、その意味で、自治体の規模、財政、設置時の問題意識と担当部署などの影響を受けながら、自治体ごとの特

徴も多く見られる。

　子どもの相談・救済機関の権限はそれぞれ条例で定められることになるが、たとえば、こうした機関が、組織上、「子ども子育て課」「子育て支援課」といった従来、児童福祉課といった、（特に福祉分野の）子どもに関する事務又は事業を中心的に担う課の下に置かれることがある。それは、その時の発足の経緯や自治体の事情等によるが、ともすると、子どもの相談・救済機関を担う事務職員が、当該課の性質上、当該課のルートの意向との「板挟み」になることがあり、子どもの相談・救済機関の独立性としても問題が生じることがある（その意味で、本来であればこうした部課に属しない組織上の位置づけが必要である）。

　また、子どもの相談・救済機関を担う委員が、特別職の公務員との位置づけではあるが、非常勤・日勤制の委員であることが多く、報酬も十分とはいえず、相談・救済機関に多くの時間をさけないといった問題もある。非常勤委員制自体は、「本来の専門家のままで」勤務することを意味するので問題はないが、報酬等は、独立性にも影響する問題でもある。

　さらに、相談・調査専門委員などと呼ぶことが多いが、委員を支えるスタッフ体制が脆弱で、設置していないところ、少人数しか設置していないところ、月給制としてほぼ常勤としての身分を持つものの、会計年度職員という形で、あまりに低額の給与で、しかも不安定な待遇で雇用されている例が多い。独立性には、身分保障が必要であり、報酬または給与、雇用形態は大切な要素である。

　以上のような問題や課題があることを踏まえつつ[1]、本章では、自治体の子どもの相談・救済機関を考える際のグローバル・スタンダードを確認し、むしろ、自治体の子ども相談・救済機関が行ってきた活動の成果及び成果の蓄積を、グッド・プラクティスとして紹介することとしたい。

....

＊1　野村武司「わが国における子どもオンブズパーソン制度の現状と課題」『教育人権保障の到達点と課題——教育法学会年報第50号』有斐閣、2021年、100頁以下

2
子どもの相談・救済機関と
グローバル・スタンダード

① 一般的意見第 2 号

　子どもオンブズパーソンを含む国内人権機関については、国連・子どもの権利委員会は、2002 年に、国内人権機関の役割に関する一般的意見第 2 号を採択しており、これが、子どもオンブズパーソンを考える際の基準（グローバル・スタンダード）を示している[2]。意見の中で、国内人権機関は、1992 年に人権委員会が、1993 年に国連総会が採択した「国際連合・国家機関の地位に関する原則」（パリ原則）に従って設置されなければならないとしており、一般的意見第 2 号もこの原則に沿うものであるが、その意味で、パリ原則もあわせてみておく必要がある[3]。

② 意義

　まず、かかる機関を設置することの意義についてであるが、一般的意見第 2 号によれば、①子どもはその発達上の状態ゆえにとくに人権侵害を受けやすいこと、②子どもの意見がいまだまれにしか考慮されていないこと、③ほとんどの子どもは選挙権を有しておらず、人権に対する政府の対応を決める政治プロセスでも意味のある役割を果たせないこと、④子どもは、自分の権利を保護するためまたは権利侵害に対する救済を求めるために司法制度を利用するさ

＊2　国連・子どもの権利委員会が独立した国内人権機関の必要性に初めて触れたのは、第 8 会期、1995 年のイギリスに対する総括所見であるとされる。その後、こうした機関の設置を勧告、奨励してきたとのことである。この点について、平野裕二「子どもオンブズパーソンの国際的動向──世界で増えつづける子どもオンブズパーソン」喜多明人、吉田恒雄、荒牧重人、黒岩哲彦編『子どもオンブズパーソン』（日本評論社、2001 年）所収。
＊3　本書コラム（58 頁）参照。

い、かなりの問題に直面すること、そして、⑤自分の権利を保護してくれる可能性のある機関に対する子どものアクセスは一般的には限られていることが挙げられている（パラ5）。条約第12条の子どもの意見の尊重を促進する上で鍵となる役割（いわゆる、子どもの意見の代弁者としての役割）を担っているとしている点も重要である（パラ16）。

③ 権限と活動

　次に、こうした人権機関の権限と活動であるが、独立してかつ効果的に、子どもの権利を監視（monitor）、促進（promote）、そして保護（protect）できるものでなければいけないとした上で（パラ7）、その権限は、子どもの権利条約を取り入れ、できるだけ広く、法規で与えられている必要があるとしている（パラ8）。

　例示されている活動の範囲は多岐にわたっているが（パラ19では20項目 (a) 〜 (t) を挙げているが例示的なものであるとしている）、第一に挙げられているものは、子どもの権利侵害に対する救済の提供である。子どもまたは子どもに代わる者からの苦情や申立てを取り上げ、関係者からの聴取、証拠となる関係記録へのアクセス等を内容とする調査を実施し、それが適切と考えられる場合、調整（調停および斡旋）を行うとしている（パラ13）。

　また、苦情または職権で子どもの権利侵害について調査するともされており（パラ19(a)）、さらに、子どもの権利に関わる事項について調査すること（同 (b)）、求めに応じたものであるか発意によるかを問わず、子どもの権利の促進および保護に関する事項に関して見解を表明し、勧告をし、報告を作成し、公表すること（同 (c)）が挙げられている。その対象は、子どもの権利に関わる法規定およびその運用、子どもの権利の実施状況、子どもの権利の状況等、広範に及ぶことが想定されている。なお、職権での調査または発意による調査について、パリ原則では、「上位機関に照会せずに問題を審理する権限の行使」（パラ3(a)）、「自ら取り上げることを決めた

あらゆる人権侵害の状況」（同 (iii)）といった表現を使用している点にも留意する必要がある。

さらに、一般的意見第 2 号では、子どもの権利の意識啓発の役割についても触れ（同 (l)）、子どもの権利の広報義務について政府、公的機関を監視する役割も担うとされている（同 (m)）。また、子どもの権利教育プログラム編成の援助（同 (n)）、子どもへの人権教育の実施についても担うものとされている（同 (o)）。

3
自治体の子どもの相談・救済機関と
グッド・プラクティス

① 自治体子どもの相談・救済機関の設置状況

わが国の子どもの相談・救済機関は、すでに指摘したように、各国のそれが、多くの場合、国レベルのしくみであるのに対して、地方自治レベルで展開してきている。1998 年に設置された兵庫県川西市の子どもの人権オンブズパーソンをはじめとして、すでに第 3 章で見たとおり少しずつであるが基礎自治体を中心に増えてきている。国連・子どもの権利委員会の第 4・5 回の総括所見（2019 年）では、33 の自治体での動きが紹介されているが、その後もこうした動きは続いており、2022 年 10 月現在で、少なくとも 43 の自治体で設置されており、なおこの傾向は続いている[*4]。なお、条例上の名称としては、「子どもオンブズパーソン（オンブズマン）」の他、「子どもの権利擁護委員」「子どもの権利救済委員」とするところが多い。合議制ではなく、独任制複数の形をとっているところも多い。

[*4]　2022 年 10 月現在の設置状況について、子どもの権利条約総合研究所のサイトに一覧で掲載されている。http://npocrc.org/data#3

② 子どもの相談・救済機関の３つの活動
──個別救済・制度改善・普及啓発

３つの活動

　　自治体の子どもの相談・救済機関の活動は、大きく分けて、「個別救済」「制度改善」「普及・啓発」[5]の３つに分けることができる。

　　例えば、川西市子どもの人権オンブズパーソン条例では、その権限として、①子どもの人権侵害の救済に関すること、②子どもの人権の擁護及び人権侵害の防止に関すること、③その他子どもの人権の擁護のため必要な制度の改善等の提言に関することがあげられている（第６条）。

　　実際の活動においては、②については、子どもの人権の擁護という点で、①と同様に個別的救済に至る場合もあれば、人権侵害防止の予防活動として情報発信をする活動（ネットワーク活動）も含まれており多岐に及ぶが、これを「普及・啓発」とすれば、さらに、①の「個別救済」と③の「制度改善」の２つと並ぶ重要な職務と位置づけているとみることができる[6]。ただし、これらの活動は関連して行われるものと考えられており、特に、③の制度改善は、独自に入手した情報に基づく自己発意のルートは排除されていないものの、①等の個別救済の申立て等に伴う調査の結果としてなされることが期待されている。

個別救済

　　子ども等から相談を受け、申立てに基づいて調査を行い、勧告等を行ってその解決を図る活動を「個別救済」と呼ぶ。ただし、「個別救済」の多くは、関係者・関係機関と調整が行われ解決に至ることが多い。近年では、この「調整」の重要性が意識されている。

　　＊５　本章末に付した自治体ごとの子どもの相談・救済機関のグッド・プラクティス集では「広報・啓発」としたが、むしろ、子どもの権利や条例を普及するところに本来的意義があると思われるので本章では「普及・啓発」としている。
　　＊６　吉永省三『子どものエンパワメントと子どもオンブズパーソン』明石書店、2003年、206頁；桜井智恵子『子どもの声を社会へ』岩波新書、2012年、12-13頁

　わが国で設置されてきている自治体の子どもの相談・救済機関は、川西市の子どもの人権オンブズパーソンを参考に作られてきており、その意味で、（普及・啓発は別の他）個別救済、制度改善の二つを明示的に規定する条例においても、相談・申立てからの個別救済に重きを置く規定または運用になっているか、またはそのような意識が強い。個別救済に重点を置いた活動がわが国の子どもの相談・救済機関の特徴となっている。子どもの相談・救済機関において、相談、申立てに基づいて「個別救済」を行うことは、一般的意見第4号との関係でも重要であり、国際的にみても、自治体レベルで子どもの相談・救済は展開されているわが国の強みでもあるといえる。

　具体的にそのしくみを見ておこう（自治体によって違いがあるので、詳細は、各自治体の条例を見る必要がある）。子どもの相談・救済機関は、子どもまたは（および）保護者を含む子どもに関わるおとなからの相談に応じ、人権侵害から子どもの救済を図る役割と権限を持っている。ただし、子どもは、自分に起こっていることを人権侵害であると認識することは稀で、それが故に、「つらい」「苦しい」「しんどい」「気分が晴れない」「悩んでいる」といった子どものつらさの背景に人権侵害があるとの認識が不可欠である。

　相談では、子どもが話し始めたこと（最も気になっていること）を手がかりとして、そのことに対する思いのほか、どのようにしたいのか（＝子どもの解決イメージ）について、子どもの考えに耳を傾けることが大切である。「子どもの解決イメージ」はキー・ワードの一つであり、子どもの相談・救済機関は、子どもからの相談に対して、関係機関（者）に対して、勧告をするなどの権限を持っているが、その際、子どもの解決イメージに沿った（または違わない）解決方法を選択していく必要がある。

制度改善

　子どもの権利状況を監視（モニター）し、子どもの権利侵害を防

止するとともに、子どもの権利を促進することは、子どもの相談・救済機関にとって重要な活動である。申立てに基づく場合の他、子どもの相談・救済機関が「自己発意」でこれに取り組み、「意見表明」という形で「制度改善」を行うというしくみを持っている自治体も多い。

　司法において事件性を要件とする法令審査（付随的審査制）が採られているわが国においては、個別事件をきっかけとする制度改善がなじみやすいということはあるかもしれないが、個別事件を必ずしも前提としない、自己発意による子どもの相談・救済機関の活動は、子どもの権利の促進、保障にとって極めて重要である。

　自治体の中には自己発意の活動が予定されていないものもあるが、制度改善に果たす子どもの相談・救済機関の役割を考えると、柔軟な制度運用が望まれる[*7]。

普及・啓発

　「普及・啓発」の活動について、従来、相談を促すために、子どもの相談・救済機関の周知という意味のやや付随的な役割と捉える傾向があったように思われる。もちろん、子どもの相談・救済機関とは、「どのようなところで」「どのような人がいて」「どのようなことをしてくれるところか」をわかりやすく伝えることは、子どもの相談・救済機関にとって第一義的に大切なことである。

　他方で、子どもの権利の「促進」ということを考えた場合、子どもに対して、「子どもにはどのような権利があるのか」を伝え、お

[*7]　例えば、「相談又は申立てにより［…］職務を行う」（西東京市子ども条例第19条）とする規定例があるが、相談を広く採れば、自己発意に近い形での制度改善の提言・意見表明が可能であると解される。事例の詳細は省略するが、「西東京市子どもの権利擁護委員令和元（2019）年度活動報告」に掲載されている申立ての事例（34頁）は、申立ての形をとっているが、実質的には、相談に基づく発意といってよい事例である（https://www.city.nishitokyo.lg.jp/kosodate/KO/kikansinado.files/2019katsudouhoukoku.pdf）。なお、自己発意による調査・調整等の救済活動については、個別救済事例においても、相談者を特定しない形で、申立てに替えて活用されることがあり、参考にされてよい。

となや行政機関に、それを伝えるとともに、「どのようにすればそれを保障することができるのか」を伝えることは、日本の子どもの権利状況を考えると、実は、個別救済、制度改善とならぶ重要な活動であるといえる。

　例えば、諸外国の子どもオンブズマン、子どもコミッショナーの活動をみても、各子どもの相談・救済機関を広報したり、講演や研修を行ったりするにとどまらず、いろいろな立場の子どもに会い、対話を重ね、子どもたちの思い、考え、意見を代弁する活動に力を入れていることがうかがわれる。こうした活動が、子どもに対してまたおとな社会に対して、子どもの権利の普及・啓発になり、ひいては子どもの権利の促進につながっているとの認識は重要である[8]。

　こうした例に倣うと同時に、子どもの権利の普及・啓発は、学校教育を通じて行われることが効果的である。例えば、川崎市子どもの権利委員会が行っている川崎市子どもの権利条例の認知度の定期的な調査において、「学校の先生の話」「学校で配布されたパンフレット」によって知ること大きいとされていることも参考になる。学校教育と連携した子どもの権利の普及・啓発の在り方は、今後も模索されていかれるべきである。こうした事例は、後にみるとおり、西東京市での「条例副読本」の取り組みにみられる。

③ 子どもの相談・救済機関の　グッド・プラクティス集について

グッド・プラクティス集をなぜ作ったか

　以上、子どもの相談・救済機関の3つの活動を踏まえて、これを設置しているいくつかの自治体の協力をえて視覚的にもわかりやすくまとめたのが、本章末のグッド・プラクティス集である。

　これは、2022年5月9日に行われた日弁連のシンポジウム「子

....

[8]　例えば、スコットランド・子どもコミッショナーについては、コミッショナーのブルース・アダムソン氏のインタビュー記事が日本財団のウェブサイトに掲載されている。https://nf-kodomokatei.jp/category/interview から検索可。

どもたちからのＳＯＳ〜子どもの相談救済機関の意義とその活動を考える〜」のためにまとめたもので、このシンポジウムは、子ども基本法制の制定に向けての日弁連の取り組みの中で、子どもの相談・救済機関が具体的にイメージされずに、子どもコミッショナーとして議論の俎上に載せられている状況を危惧して、自治体で先行している子どもの相談・救済機関の活動を具体的に紹介しその必要性を現実的に考えることを目的としたものである。

　シンポジウムに先立って、関係機関の委員にオンラインで集まってもらい経験交流と意見交換をすることにも努めた。また、子ども基本法制審議のための国会会期中の 2022 年 4 月 28 日の衆議院内閣委員会の参考人質疑において[*9]、筆者が資料としてこれを提供し、国会にも届けている。こうした子どもの相談・救済機関の委員の協力がスムースに行われた背景に、これら機関が毎年集って行われる「子どもの相談・救済に関する関係者会議」もある。関係する自治体の努力に敬意を表するとともに、自治体から提供された貴重な資料として、本書にも掲載することとした。

自治体子どもの相談・救済機関のグッド・プラクティス

　グッド・プラクティスの内容は、それぞれをみていただくのが一番良いが、個別救済についていうとその手法を見て欲しい。第 4 章で述べられたオンブズワークとは何かの実践例である。

　制度改善は、自治体の相談・救済機関にとって経験の浅い分野ではあるが、先進的な取り組み事例を見ることができる。その際、わが国の法制度は、子ども施策における権限は、そのほとんどが市町村にある一方で、それを根拠づけているのが法律であるという視点も大切である。世田谷区のせたホッとの事例はその好例である。同種の事例が他の自治体にもあるというケースは全ての自治体にとって要注意である。おとなが考えるこどもの最善の利益と、子ども

＊9　議事録について、https://www.shugiin.go.jp/internet/itdb_kaigiroku.nsf/html/kaigiroku/000220820220428023.htm

が考えるそれのズレを問題にした西東京市の事例がこれに相当する。いずれにせよ、国の子どもコミッショナーの必要性を示唆する事例でもある。

　広報・啓発（普及・啓発）もいろいろな取り組みがなされていることも知ることができる。ここに分類はされているが、名古屋市のなごもっかの生徒指導提要への意見などは、制度改善ともつながる。例えば、川崎市子どもの権利条令第4条は、「国等への要請」の条文（「市は、子どもの権利が広く保障されるよう国、他の公共団体等に対し協力を要請し、市外においてもその権利が保障されるよう働きかけを行うものとする。」）があり、こうした条文を通じて、市に国への意見を促すことも可能であるが、こうした条文がない場合でも地方自治的な工夫として可能であることを示した好例である。学校を通じた普及・啓発に当たって学校教育の中で使うことのできる副読本を作成した西東京市の事例も重要である。

4
自治体子どもの相談・救済機関はどうあるべきか

　子どもの相談・救済機関は、少なくともその自治体において、子どもの権利の監視、促進、保護の役割を担う。具体的な活動では、関係機関に対して、子どもの権利保障の観点から勧告や意見表明等を行うとともに、これらの機関と連携して子どもの人権侵害からの救済に取り組んだり、これらの機関において、またはこれらの機関に対して、子どもの権利の普及・啓発を展開したりしている。すなわち、一方で、連携や協働を図りながら、他方で、緊張関係に立つ場合があるということである。

　また、子どもの相談・救済機関について、自治体内の他の相談機関とどう違うのか、またはどう棲み分けをするのかということが問われることがある。自治体には、教育相談をはじめとして、さらに

民間のそれも含めると、さまざまな分野専門的相談窓口がある。これらと子どもの相談・救済機関を区別しようとすればするほど、子どもの相談・救済機関は、「人権侵害」に関わることが強調されることになる。しかし、これは適切ではない。一つには、人権侵害はあらゆる分野に起こりうることであり、人権侵害性を強調しても、分野専門的な相談機関と区別することはできない。また、人権侵害を受けている子どもが、それが人権侵害であると意識または確信することは極めて稀であり、人権侵害に関する機関であることを強調すればするほど、子どもからのアクセスは少なくなる（敷居が高くなる）。そうではなく、あえて分野専門性のある他の相談機関との違いをいうのであれば、かかる分野専門的相談機関が、専門性を標榜することで、相談を「専門に関連した問題として」相談者自身に整理して持ってくるよう求めているという点に気がついておく必要がある。少なくとも、（意識しているかどうかは別にして）相談者はそうしないと分野専門的相談機関では相手にされないと思っているということである。

　他方で、相談者は、「困り感」は持っているが、それが実は何の問題であるかわからないことも多く、特に人権侵害性の認識がむずかいしいことを踏まえると、子どもの相談・救済機関は、表明された子どもの「困り感」に耳を傾けて、むしろそれが何の問題であるかを整理することが重要になってくる。そして、それが場合によっては、教育の問題であったり、福祉の問題であったり、医療の問題であったり、保健の問題であったりすることがあり、これを権利侵害性のある問題として解決につなげるのが子どもの相談・救済機関の役割である。

　最後に、子どもの相談・救済機関の活動の方法論の問題について触れておく必要がある。子どもの相談・救済機関は、実際の任命例を見てみると、弁護士（法律）、心理士（心理）、ソーシャルワーカー（福祉）、教育学の大学教員（教育）等が多い。しかし、子どもの相談・救済機関の活動の方法論は、弁護士のそれでもなく、心理

士のそれでもない。ソーシャルワークに近いところもあるがそれ自体でもない。子どもの権利を基盤にした独自のアプローチが必要である。この点については、第 4 章を参照されたい。

自治体子ども相談・救済機関
グッド・プラクティス集

個別救済

- ◉北海道札幌市
- ◉東京都世田谷区
- ◉東京都西東京市
- ◉東京都国立市①②
- ◉神奈川県川崎市
- ◉長野県松本市
- ◉愛知県豊田市
- ◉兵庫県宝塚市
- ◉兵庫県川西市
- ◉福岡県志免町

制度改善

- ◉北海道札幌市
- ◉東京都世田谷区
- ◉東京都西東京市
- ◉東京都国立市
- ◉長野県松本市
- ◉愛知県名古屋市
- ◉愛知県豊田市
- ◉兵庫県川西市

広報・啓発、その他

- ◉北海道札幌市①②
- ◉東京都世田谷区
- ◉東京都西東京市
- ◉東京都国立市
- ◉神奈川県川崎市
- ◉長野県松本市
- ◉愛知県名古屋市①②
- ◉愛知県豊田市
- ◉兵庫県宝塚市
- ◉兵庫県川西市
- ◉福岡県志免町①②

個別救済

●札幌市

事例名称	子どもからの相談から、自立援助ホームにつないだケース
自治体名等	札幌市・子どもアシストセンター
事例区分	個別救済

事例の概要

○調査の端緒

　高校生のAさんから「親から暴力を受けているため、離れて暮らしたい」との電話相談を受けた。Aさんは家を出て一人暮らしを希望していたが、金銭的な余裕がないため、住むところや生活費の支援を受けたいとの主訴であった。虐待案件であるため、当センターからは児童相談所（以下、児相）へ相談するように勧めたが、本人が直接児相に相談することに抵抗があると訴えたため、当センターが本人と児相の間に入り、調整を行うこととなった。

○調整活動

　本人の訴えから虐待が疑われるため、児相に情報提供を行った。その後、児相とAさんで面談が行われ、児相から自立援助ホームの入所を勧められた。Aさんが自立援助ホームへの入所を希望したため、当センターが自立援助ホームや児相等の関係機関と入所に向けた調整を行うとともに、入所に係る手続きを行う際には、Aさんに同行しサポートを行った。

　Aさんが自立援助ホームに入所した後も、Aさんとは定期的に連絡を取り合い、心配事や悩み、近況等の確認を行った。また、当センターとしても、自立援助ホームへAさんの状況の聞き取りを継続し、Aさんの施設での生活等の把握に努めるとともに、Aさんの思いを施設側に伝えるなど、Aさんと施設側の橋渡しを行った。

結果

　Aさんの状態が落ち着き、施設で安定した生活が送られていることから、調整活動は終結となった。

評価・コメント

　本件は、虐待という重大な案件に対し、当センターが調整役としての役割を果たしながら児相をはじめとする各関係機関と連携して対応した事例である。虐待相談があった際に、第一義的に速やかに児相への情報提供を行い、本事例の解決点を明確にしたうえで、本人の思いに寄り添いつつ、当センターが各関係機関との橋渡しを行い、支援及び解決に導いた好事例である。

概念図・写真等

○調整活動のイメージ

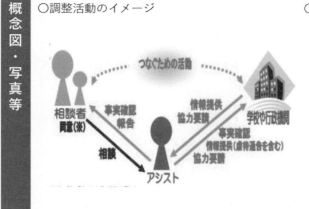

○相談・救済活動の流れ

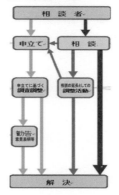

●世田谷区

事例名称	**クラブチームでの体罰の改善**
自治体名等	**世田谷区子どもの人権擁護機関「せたがやホッと子どもサポート」（略称：「せたホッと」）**
事例区分	**個別救済**

事例の概要

〇端緒

「せたホッと」にクラブチームでの暴言、暴力について相談があった。相談者より、相談者が特定できないようにしたいとの希望があったこともあり、自己発意案件とした。

〇調査

全選手に対して、アンケート調査を実施し、その中で特に暴言、暴力について触れているものについて、ヒヤリングを行った。また、指導者からもヒヤリングを行い、事実関係を把握した。現場調査も複数回行った。

〇留意した点

・アンケートでは、暴言、暴力があったことを誘導することがないよう、クラブでの楽しいこと、嫌なこと両方について尋ねる形とした。
・対象が低学年から高学年にわたったため、低学年用と高学年用の2種類のアンケートを作成し、それぞれの子どもが理解しやすいものになるよう配慮した。

結果

調査の結果、暴言、暴力が認められたため、指導者にその旨説明。指導者との面接を重ねる中で、試合に向けて熱が入っていたのかもしれない、今後保護者、選手と今一度話し合いを持ちたい、とのことだった。
最終的に、今後の改善策を記載した書面が提示され、それを選手と保護者に指導者から説明し、納得を得た。

評価・コメント

一般に、クラブチームの運営については、保護者が指導者の暴力を擁護するなど、なかなか表に出にくいという側面が見られることがある。今回のケースでは、そこに踏み込んで調整活動をすることができた。

概念図・写真等

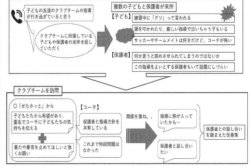

参考・引用資料：「せたがやホッと子どもサポート活動報告書（令和2年度）

※プライバシー保護のため、複数の事例から構成するとともに、内容等も一部変更しております。

●西東京市

事例名称	子どもからの相談で、学校・家族の関係を調整したケース
自治体名等	西東京市・子どもの権利擁護委員（愛称：CPT）
事例区分	個別救済

事例の概要

○調査の端緒

高校生のAさんが、「話したいことがある」として来室した。家族のことを気遣ってきたが限界に来ており、家に帰りたくないとの主訴であった。また、学校の部活動の先生が厳しく、学校に行きたい気持ちはあるが行こうとすると体調を崩すとのことであった。病院にも行ったが原因は不明であるとされた。初回面談の後は、帰宅することになり、継続的に相談することとなった。

○調整活動

Aさんから、自分の気持ちを学校に伝えて欲しいとのことであったので、担任及び学年主任と面談を行った。学校は、Aさんの気持ちを理解するようになり、Aさん自身も学校に相談をすることができるようになった。

学校は、Aさんからの相談を踏まえて、保護者からの相談に応じており、保護者は、学校からの勧めもあり、子どもの権利擁護委員にAさんについて相談することとなった。

利益相反にもなり得るケースであったことから、慎重に検討を加え、Aさん、保護者の了解の上、かつ、相談室の担当者を分け、情報も共有しない形で応じることとした。

何度か、双方の面談を繰り返す中で、Aさんから保護者の変化について語られるようになった。

結果

Aさんから、保護者の変化について語られるようになって以降は、相談に応じつつ、相談の間隔を長くとるようにし、終結となった。

評価・コメント

調整活動は、子どもの思い、考え、意見の理解に努め、子どもの選択肢をいっしょに考えながら、本人が伝えたいと考える時を見定め、これを関係先（学校及び保護者）に伝えることを基本とした。子どもが問題の解決を意識し、その主体となることの大切さを感じさせられた事例である。

概念図・写真等	○西東京市子どもの権利擁護委員について　○子どもからの救済のフローチャート

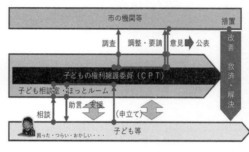

●国立市①

事例名称	SSWから子どもとつながり、家族関係を調整したケース
自治体名等	国立市・子どもの人権オンブズマン
事例区分	個別救済

事例の概要

○相談のいきさつ

スクールソーシャルワーカー（SSW）から、話を聞いてほしい子どもがいるとの連絡があり、相談員が中学3年生のAさんと面談した。家庭の事情で転居しなければならないが、転校はしたくないと話していた。もうすぐ高校進学を控えており、中学生の間だけでも現在の家にいたいと思っているものの、「大人が決めることだから自分は何も言えない。今回も言っても無駄だ」と言っていた。そこで、オンブズマンと相談員は継続的に気持ちを聞いていくことにした。

○調整活動

初めはあきらめていたAさんであったが、やっぱり中学生の間は転校したくないという思いであったので、オンブズマンとAさんは一緒に考え、その都度意向を確認しながら話を進めていくこととした。オンブズマンは父母とそれぞれ面談し、Aさんの気持ちを伝え、背景にある父母間の問題と切り離して考えてほしいと話し、Aさんの希望について了承してもらった。その後、Aさんからも父母に自分の思いを伝えることができた。Aさんは少しずつではあるが、自分の希望ややりたいことなどを語ってくれるようにもなった。オンブズマンはAさんとも確認して、学校など各関係機関と連携し見守っている。

結果

中学生の間は転居しないこととなった。卒業の頃には転居することになったが、父母に自分で気持ちを話せるようになり、自分も納得して転居した。高校進学が決まり、少し遠い通学になったがほとんど休まず登校している。父母間の調整を行うに当たっては、学校や各関係機関の支援が大きな力となった。

評価・コメント

子どもの気持ちを聞き取り一緒に考えていくことに努め、子どもの意見を中心に据えて調整した。あきらめがちであったAさんが、相談することで自信を持つようになり、オンブズマンや関係機関の力を借りて自ら問題を解決することができた。子どもの気持ちや意見を丁寧に受け止めることが子どもの成長につながった事例といえる。

概念図・写真等

くにたち子どもの人権オンブズマン
リーフレットから抜粋

個別救済 ／ 制度改善 ／ 広報・啓発、その他

●国立市②

事例名称	学級がうまく機能しない状況の事例
自治体名等	国立市・子どもの人権オンブズマン
事例区分	個別救済

事例の概要

〇相談のいきさつ

年に一度行っている周知等を目的とした子どもオンブズマンアンケートに、小学校高学年の回答者がクラスの雰囲気が良くないと訴えていた。学校の協力を得て子どもと面談し、担任が子どもの意見を聞かないこと等、学級がうまく機能していない状況を聞いた。他の友達の話も聞いてほしいとの訴えから、数名と面談した。

〇調整活動

面談した子どもたちは、担任への不信感が強かった。オンブズマンは学校に子どもたちの気持ちを伝えるとともに、該当するクラスの授業参観をした。クラスの他の子どもたちの気持ちや考えも知りたいと考え、クラスアンケートを実施したり、希望者と面談を実施した。授業中クラスメートがうるさいことや担任についての不信感などを聞き、子どもたちの訴えをオンブズマンから学校に伝えた。

オンブズマンからクラスの子どもたちに向けて「みんなの意見は校長や担任に伝えました。これからも伝えます。静かに授業をするために解決できる力を持っているのはみなさん自身です」と話し、一緒にどのような解決策があるか具体的に話し合った。

学年の修了が近づき、オンブズマンは子どもたちに向けて、一緒に意見を出し合い解決に向けて努力してくれたお礼の気持ちを込めた手紙を書いた。

結果

オンブズマンが、クラスの子どもたちと一緒に考えて解決方法を決めていった頃から、担任への暴言は少なくなり、少しずつクラスの雰囲気が落ち着いていった。学校は、応援体制を組む等、学級運営を学校全体で工夫し対応していたが、オンブズマンの働きかけにより、個別の支援が必要な児童に対して関係機関で連携を強化していく動きにつながった。

評価・コメント

子どもたちからの意見を第三者が聞いて学校に伝えることにより、子どもたちには意見を聞いてもらえた納得感、学校や担任が改善に向けて努力してくれる安心感が生まれた。問題解決を子どもたちと一緒に考え、子どもたち一人ひとりの意見を大切にした調整活動は、子どもを主体とした救済機関だからこそなしえた事例である。

概念図・写真等

オンブズマンからのお手紙

〇学年の修了(しゅうりょう)おめでとうございます。

この１年間、みなさんはそれぞれ楽しいことも、大変なことも、いっぱいあったと思います。

２学期の途中から、オンブズマンもクラスの困りごとについていっしょに考えさせてもらいました。みなさん、いろいろなことを話してくださって、ありがとうございます。みなさんがそれぞれいろいろな考えを持っていること、また、みなさんがクラスメートを大切に思っていることがわかりました。

３月のはじめに、授業中のうるささについて解決できる力があるのは、みなさんだとお話しました。そう、みなさんは、問題を解決できる大きな力を持っているのです！〇年生の間は、もしかすると、うまく力を発揮(はっき)しきれなかったかもしれません。でも、最初はうまくいかなくても、だんだんうまく力を発揮(はっき)できるようになります。問題解決の力をぞんぶんに発揮(はっき)して、〇年生のクラスが楽しく、そして充実(じゅうじつ)したものとなることを心から願っています。

オンブズマンも、またみなさんのお顔を見に行きたいと思っています。困ったこと、なやんでいることがあったら、学校のことでもそれ以外のことでも、またいつでも相談してください。これからも、よろしくお願いします。

●川崎市

事例名称	子ども本人からの相談で学校との調整を行なった事例
自治体名等	川崎市人権オンブズパーソン
事例区分	個別救済

事例の概要

○調査の開始

中学生の生徒からの相談。体育教師のクラス全体に対する言動及び指示が不適切であると生徒の間で問題となり、担任教諭に報告・相談した。体育教師は、問題となった言動及び指示をした事実自体は認めたが、そこに生徒らが感じたような意図はなく、あくまで教育・指導の一環であると弁明した。担任教諭も学校長も、体育教師の弁明を前提として、すなわち生徒らの受け取り方が誤っているとして問題を解決しようとしている、というもの。

○調査

当該クラスの児童全員にアンケート調査を実施するとともに、希望する児童については個別にヒアリングを実施した。さらに、体育教師、担任教諭及び学校長のほか、問題の言動の直後に生徒と体育教師双方と会話をした教師に対してヒアリングを実施した。

○調整活動

生徒・教師の前後のやり取りや当時の授業の状況から判断して、生徒らの受け取り方は自然であるように思われた。そこで、学校に対し、生徒の受け取り方を否定せず、生徒に寄り添って対応することを要望した。学校長及び担任教諭は、直ちに生徒及び保護者に謝罪した上で、動揺する生徒及び保護者と個別に面談を重ねた。

結果

調査当初、生徒及び保護者は、体育教師にも増して担任教諭及び学校長に対する不信感が強かった。もっとも謝罪と個別対応を重ねる中で、担任教諭及び学校長は次第に信頼を回復していった。卒業式には、担任教諭及び学校長に対して生徒や保護者から感謝の言葉が述べられた。

評価・コメント

学校長らは、当初、オンブズパーソンに対しても、生徒や保護者に対してと同じく体育教師の弁明に沿った説明に終始していた。問題を矮小化しようとの意図はなかったが、対応がやや近視眼的であり、生徒らの不信感が自身に向けられていることすら理解していなかった。しかし、問題の本質を理解してからの対応は早く適切であり、故に信頼回復も早かった。改めて生徒の言葉に耳を傾け、寄り添うことの重要さがわかった。

概念図・写真等

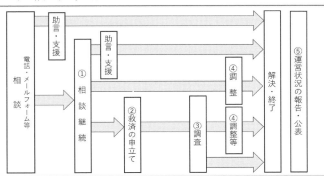

制度改善　広報・啓発、その他　個別救済

●松本市

事例名称	いじめの加害者側の救済事例
自治体名等	松本市・子どもの権利擁護委員（子どもの権利相談室こころの鈴）
事例区分	個別救済

事例の概要

○調査の端緒

中学生のクラス内でいじめゲームがはやり、3分の2の生徒が参加していた。ある時点から特定の生徒がゲームの対象となった。本救済対象の本人は付和雷同者的立場で周辺にいたという認識をもっていた。

本件が発覚し、本人を含めて複数名のみがいじめの加害者として特定された。加害者と特定された生徒は、生徒指導の教員から反省文の作成や数回にわたる書き直し、厳しい口調での指導が数時間にわたり行われた。

本人は自分が中心的な加害者として扱われ、説明することが許されない雰囲気を感じたこと、教員の態度が取り調べのようで高圧的だと感じ、脅威や恐怖を抱き、心身の不調をきたすようになった。その後も、友人との普通の会話時にも注意を受けるなど、常に否定されていると感じ、学校への信頼が低下し、登校意欲が減退して不登校になった。

○調整活動

親族から相談があり、生徒の気持ちや実際の状況を学校側が把握していない可能性があると判断し、自己発意で調整を試みることにした。学校に出向き、生徒の気持を伝え、その後も学校、本人、保護者と連絡をとって意思疎通が図れるようにしてきた。

教頭先生の理解を得て、何度も対話を繰り返すうちに、徐々に登校できるようになった。

結果

登校回数が増え、無事中学を卒業できた。
市の青少年問題・いじめ問題対策連絡協議会等で事例を紹介し、対応の改善を求めた。

評価・コメント

不登校やいじめの問題に接して常に感じることは、それぞれの子どもの思いや経験をよく聴く機会や環境（態度を含む）をつくろうとせず、早期解決を図ろうとする姿勢が、子どもとの距離を大きくしていることである。親も学校の責任の追及が中心になりがちで、理解されずに傷ついている子どもが中心からはずされていることも多い。学校の中に、子どもが理解されたと感じる大人がいることは、子どもが居場所を取り戻す大きな力にもなっている。

本件も加害者と特定された子どもは、その思いと関係なく強制的な行動変容を求められ、教員との齟齬が大きくなっている。一人ひとりの子どもの意見を言える場をつくり、全体の状況を把握するとともに、いじめをクラス全体で共有し、子ども自らが行動すべきことを見いだせるような学習の機会にできなかっただろうかと考える。

概念図・写真等

相談・救済の流れ

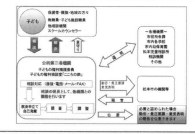

●豊田市

事例名称	高校生からの相談で生徒指導の改善を調整したケース
自治体名等	豊田市・子どもの権利擁護委員・相談室（こことよ）
事例区分	個別救済

事例の概要

○高校生からの権利の訴えにもとづく救済活動

条例上の「子ども」には、豊田市居住と市外居住であっても市内の学校等教育機関に通うものを対象範囲に含んでいる。豊田市子どもの権利相談室（こことよ）は、高校生の権利救済活動にも活発に取り組んできている。県立高校や私立学校の場合でも、条例や相談機関の案内リーフレット等配布の協力をお願いし、相談があった場合には、それぞれの設置者に条例の趣旨を説明したうえで当該学校と連携をすすめ、調整活動を行っている。

○高校生の権利救済活動の主な内容

高校生からの「こことよ」への直接の相談案件として比較的多くみられるのは、学校の厳しい生徒指導に対する改善の要望や部活動その他の場面における不適切と思われる指導に関するものである。いずれの場合にも、こことよでは、生徒本人との面談や電話相談を積み重ね、本人の意思（気持ち）に寄り添うことから始め、個別ケースごとに事案の重大性や高校生としての発達段階を考慮しながらできる限り生徒本人が自分の気持ちを当該高校の教職員に直接伝え、関係当事者同士で問題解決が図られるよう支援してきた。

○高校生子どもの権利アンケート調査の実施

こうしたなか、高校生の段階にふさわしく自らの権利を正しく主張することができるよう、条約・条例の趣旨を広報啓発し、自らの権利状況を適切に判断することを目的として、市内の全高校生（私立高校や定時制高校を含む約12,000人）を対象とする「子どもの権利に関する高校生意識調査」を実施した（2021年3月、名古屋大学との共同調査、写真）。

結果

高校生の権利救済活動にあたっては、多くの場合、生徒自らが学校の教職員と直接話し合いをすすめることによって、双方の折り合う点を見出し、納得のもとに事態が解決している。擁護委員と高校教職員とで調整を行う際には、常に子どもの権利条約と豊田市子ども条例の理念「子どもの意見表明」「子どもの最善の利益」を確認し、高校生の気持ちに寄り添うことや一人ひとりに発達の多様性があることの意味を確かめ合ってきた。高校によっては、あらためて高校生からの自由な意見表明の機会を設置するなど学校全体の取組につながっている。

評価・コメント

「高校生アンケート」では、成人（大人）への権利啓発がもっと必要ではないかとの意見が多くみられた。今後、保護者や大人に向けて、子どもの権利の啓発をどうすすめていくのかを検討する必要がある。なお、本アンケートは、西三北地区公立高等学校校長会からの助言により、市内に多数在住する外国にルーツをもつ子ども等への配慮から、アンケートの案内文にはすべてルビをふり、アンケート文も「漢字バージョン」と「ひらがなバージョン」を作成した。

概念図・写真等

子どもの権利に関する高校生意識調査報告書(2021年3月)
https://www.city.toyota.aichi.jp/shisei/joho/1005116.html

●宝塚市

事例名称	子どもからの相談で学校と調整を行ったケース
自治体名等	宝塚市子どもの権利サポート委員会
事例区分	個別救済

事例の概要

○初回相談

中学生のＡさんが「クラスメイトからのいじめ」を主訴とし来室した。いじめの内容は暴力と暴言。当初は単なるからかいだったようだが日ごとに暴力等が激しくなり次第に学校に行くことに恐怖を感じ不登校になってしまった。担任に相談したが「仲良くやっているだろう、単なるふざけだろう」また「被害妄想ではないか」等懐疑的な見方をされ担任に対する不信感が募っていることも教えてくれた。加害の生徒とは関わりたくない思いがある反面、吹奏楽部の活動にやりがいを感じていたため別室登校をしながら部活動には参加したいという積極的な思いを持っていることも分かった。

○調整活動

サポート委員と相談員が学校訪問を行いＡさんの辛い気持ちやいじめ問題に関して担任とＡさんとの認識のズレを伝えたところ学校側は真摯に受け止めてくれた。学校に対して責任を追及するのではなく前向きな対話ができるよう心がけたところすぐに学校側は実態把握に努めた。複数の生徒から「Ａさんがされていたことは見ていて辛かった」等証言がありいじめの実態が明らかになった。担任および学校はいじめに対する認識が低かったことを謝罪し「チーム学校」として再発防止を目指すと述べられた。再度サポート委員と学校が協議しＡさんの教室復帰へのビジョンについて話合った。Ａさんが信頼を寄せる吹奏楽部顧問をキーパーソンとし学校と人に対する信頼を取り戻せるよう丁寧に関わっていくことを約束された。

結果

吹奏楽部顧問を中心とし担任、学年団のチーム支援を行ったところ別室から徐々に教室に戻れるようになった。その上でサポート委員会はＡさんとこまめに面談を重ねながら共に考え、学校と状況を報告し合い意思疎通を図った。Ａさんから「当該中学に通えて良かったと思えるように残りの生活を頑張りたい」という思いを聞くことができ、また部活動で小さな成功体験を積み重ねることで自信と自己肯定感を高めることができていった。

評価・コメント

いじめに対するＡさんと担任の認識の違いや意思疎通が図られていなかった点は調整活動によって相互理解が深まった。Ａさんが学校に対する信頼を取り戻し笑顔で登校してほしいという思いは、サポート委員会も学校も一致していた。このため問題解決の主体であるＡさんの思いを丁寧に聴き、対話を重ねてこれからの学校生活について一緒に考えることを最優先にできたことは評価に値すると考えられる。

概念図・写真等

●川西市

事例名称	子どもの思いを中心に学校と連携した事例
自治体名等	川西市・子どもの人権オンブズパーソン
事例区分	個別救済

事例の概要

〇相談
父からの電話が端緒。子どもが中学校の部活で先輩からのいじめを受けて困っているというもの。父によると、顧問に訴え、話し合いの場が設けられることになったが、子どもは学校にも行けなくなってしまったとのこと。父は、先輩から子どもへの謝罪を求めていた。

〇調整活動までの経過
相談員は子どもから父とは別に話を聞いた。部活の休憩中に先輩が中心でおしゃべりすることが多いが、話題についていけずに黙ってしまう、部内で浮いているようで辛いというものだった。続けて面談する中で、部活に復帰して仲良くやりたいが、謝罪となると却って気まずくなりそうで不安、しかし父にその気持ちを素直にいえずにいること、このまま「謝罪の会」が持たれてしまうと部活に戻れなくなってしまうのではないかと悩んでいることが分かってきた。

〇調整活動
子どもとの事前準備を経て、学校と調整し、顧問と子どもの話し合いの場にオンブズが立ち会った。子どもは、部内での孤独感や辛かった気持ちとともに「謝罪の会」までは望んでいないことを伝えた。顧問は、子どもの本音を聞けたことに感謝するとともに、気にかけてはいたもののサポートの仕方で悩んでいたことを子どもに伝えた。子どもと顧問は、部活への復帰の具体的な段取りとその過程で子どもが困難に感じるであろうこと、その際の顧問のサポートの仕方などについて、できる限り具体的に話し合った。

結果

子どもは、顧問に自分の気持ちを伝えられたことですっきりしたとのこと。その後、子どもは登校を再開し、部活にも顔を出すようになった。顧問のさりげないサポートもあり、子ども自身から積極的に話すことは難しくても顧問のさりげないサポートで話の輪に入れるようになった。子どもに笑顔が戻って、顧問も父も一安心とのことだった。

評価・コメント

子どもの考えをきちんと把握して、そこを軸に展開していくことの大切さを改めて感じた。子どもの意見表明権が保障されたことで、子ども自身がエンパワーされ、元気になっていく姿を見た父も、保護者の思いだけで突っ走らなくてよかったと言ってくれたことは、親子関係の改善の兆しとも感じられた。

概念図・写真等

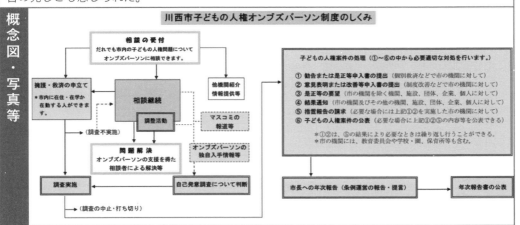

●志免町

事例名称	小学校への出張相談室と手紙交換
自治体名等	志免町　子どもの権利相談室（通称・SK2S　スキッズ）
事例区分	個別救済、広報・啓発

事例の概要

○出張相談室（コロナ前）

　子どもの権利相談室が設置されている志免町総合福祉施設「シーメイト」は、町内に4校ある小学校の1つの校区にあるため、他の小学校区から子どもたちが自分だけで来ることはできません。そこで、他の小学校の児童にも相談室のことを知ってもうため、出張相談を実施してきました。概ね、各校へ学期に1～2回のペースです。

　小学校の空いている部屋をお借りして、昼休みの時間に子どもたちがUNOやトランプで遊んだり、塗り絵やプラ板などに取り組めるようにしていました。相談員が声を掛けながら相談室のことを伝えたり、一緒に遊んだりしていました。その中から相談が聞こえてきたり、相談員に「相談があります」と言ってくる子どももいました。

○手紙交換（コロナ禍）

　2020年度からはコロナの影響を受け、出張相談室に来る学年を制限した上で、遊びの要素をなくして相談員と話をする場を提供することにしました。同時に、子どもと手紙交換をする仕組みを作りました。該当する学年の子ども全員に小さな手紙の用紙と封筒（上の写真）を配り、任意で手紙を書いた子どもにはポスト（その下の写真）に入れてもらうことにしました。相談員が救済委員と協議して返事を書き、担任を通して渡していました。子どもからの手紙には相談だけでなく、楽しかったことなども書いてあり、全てに返信を書くため、担任などが相談者を特定できないようにしました。

結果

　2020年度の出張相談室には年間延べ356人の子どもたちが来室し、相談員とお手紙交換やお話をしました。その内、お手紙交換の中で助言やアドバイスを行ったのが、89件でした。学校での友だち関係、勉強、きょうだい関係など、様々な悩みに関する記述がありました。それぞれの気持ちを受け止めた上で、身近な人や相談室への相談を促す内容の返信をしました。

評価・コメント

　子どもたちにとって、相談に行くことや電話をすることはハードルが高いと思います。普段から相談室では子どもたちの遊びの場という役割を担っており、遊びを通して相談につながることを期待しています。

概念図・写真等

↑　お手紙
　　交換の封筒

←　お手紙
　　投函箱

炭鉱の町：志免
スキッズの
キャラクターたち

しめぇ～

たてのすけ　ぼたやまん　ぼたこ　みかたマン

制度改善

◉札幌市

事例名称	子ども専用LINE相談の通年実施
自治体名等	札幌市・子どもアシストセンター
事例区分	制度改善

事例の概要

○子ども専用LINE相談導入の端緒

　子どもアシストセンターでは、機関発足以来、電話、Eメール、面談による相談業務を行ってきた。しかしながら、近年は子どもたちへのスマートフォンの急速な普及と、「LINE」などのSNSの浸透によるEメール離れが伺われ、Eメールによる相談が大きく減少している。このような状況を踏まえ、より子どもが相談しやすいよう、新たな相談方法としてLINEの導入を行った。

○取組状況

　平成30年度から令和元年度にかけて期間限定でLINE相談の試行実施を行い、LINEが子どもたちにとって気軽に利用できる有効なツールであることが判明したことから、令和2年度より通年でLINE相談を実施している。

　令和2年度の子どもからの相談件数は延べ2,031件であるが、このうち803件がLINE相談で、電話やEメールでの相談よりも多くなっている。

　子どもへのアプローチとして、中学校・高等学校向け広報カードに子どもアシストセンターLINEアカウントのQRコードを掲載し、手軽に友達登録しやすいよう工夫している。

　このほか、LINEの一斉配信機能を利用し、長期休暇の前後に友達登録者全員にメッセージを配信し、相談を促している。

結果

　LINEの個人情報の管理上の懸念が報じられたことを受け、令和3年3月26日から7月8日までLINE相談を一時休止しており、相談件数も例年より減少した。LINE相談再開後の7月以降は相談件数が増加し、令和3年度の子どもからの相談延べ件数は1,504件で、このうち724件がLINE相談となっており、電話やEメールでの相談よりも多くなっている。

評価・コメント

　平成28年度を境に、子ども本人からの相談件数（実件数）が500件を下回り、減少傾向に転じていたが、LINE相談試行実施の最終年である令和元年度からは500件を超え、LINE相談の有効性が認められる。

　特に、中学生からのLINE相談件数の増加が顕著である。（H30：84件→R3：248件）

概念図・写真等

○LINEリッチメニューのイメージ

○QRコード

●世田谷区

事例名称	区立学校における通常の学級の特別支援教育について
自治体名等	世田谷区子どもの人権擁護機関（略称：「せたホッと」）
事例区分	制度改善

事例の概要

○意見表明の背景

　就学に際して、障がいのある子どもが通常学級へ通うことを希望するとき、保護者の付き添いが求められることがあり、保護者の事情で付き添いができない場合は、通常学級へ通うことを事実上拒否されることもある。また、発達に課題のある子どもの特性が周囲から理解されず、トラブルが続き、いじめや不登校、さらには学級運営が困難な状況も起き、「せたホッと」においても複数校で関係調整を行ってきた。そこで、そうした状況を踏まえ、自己発意による調査を実施し、「通常学級における特別支援教育に関する意見」を提出した。

○意見

　区立学校に通うすべての子どもの教育を受ける権利がこれまで以上に保障されるよう、次の意見を表明した。

　一、通常の学級に配置される特別支援教育に関する人的支援として、学校包括支援員（学校支援員）、支援要員、区費講師、ボランティアなどの抜本的増員を図ること。

　一、特別支援教育の推進に関わる人的支援制度については、体制を整備し、支援を必要とする子どもの教育にあたるすべての学校が利用しやすくすること。

　一、子ども本人や保護者、教職員など特別支援教育の推進に関わる方々が、「子どもの最善の利益の実現」の観点からパートナーシップを組み、教育的支援に取り組めるよう仕組みを整備すること。

結果

　第1に、教育委員会の迅速な対応により、3校程度に1人配置されていた配慮を要する児童・生徒の支援等を行う学校包括支援員が、当初予定よりも早く世田谷区すべての小・中学校に配置されることとなり、それぞれの学校の事情に応じた支援体制を組むことができるようになった。

　第2に、大学等との連携体制を構築することにより、すべての学校において必要な人材の確保を可能とし、支援を充実させることにつなげる仕組みづくりが求められていることが共有された。

　第3に、校内の特別支援コーディネーターが中心的役割を担いスクールカウンセラーや養護教諭を含め、さらにはスクールソーシャルワーカーや関係機関等も参加する校内委員会を設けるなど、子どもの最善の利益実現の観点から有機的に連携を組める仕組みを整備することが課題となっていることが共有された。

評価・コメント

意見を表明し、教育委員会事務局や区長部局と対話を深めるなかで課題が共有されることにより、世田谷区のインクルーシブ教育システムを子どもの権利の視点から見直し、推進できるよう後押しする役割を担うことができた。

概念図・写真等	参考・引用資料：「せたがやホッと子どもサポート活動報告書〈平成26年度〉」 

●西東京市

事例名称	子ども１１０番ピーポくんの家の申立て事例
自治体名等	西東京市・子どもの権利擁護委員（愛称：CPT）
事例区分	制度改善

事例の概要

○子ども110番ピーポくんの家とは

子どもたちが、登下校の通学路や、公園、広場、一般道路などで、『声かけ・ちかん・つきまとい』などにより被害を受けたり、身の危険や不安を感じたときに、安心して避難できる場所として、地域の皆さんに、子どもたちを安全に保護し、110番通報をするなどのご協力をいただく活動である。

○調査の端緒

ピーポくんの家協力者から、西東京市子どもの権利擁護委員に対し、小学生2人が、ピーポくんの家に、「学校に行きたくないのでいさせて欲しい。学校にも、親にも言わないで欲しい。」として訪ねてきた。ピーポくんの家の協力者は、誰にもいわないでいさせると騒ぎになることから対応に苦慮し、子どもと話をしながら、結局学校に連絡をすることとなった。こうした対応でよかったのかという相談がなされた。

○調査の申立て

相談を受けた西東京市子どもの権利擁護委員は、ピーポくんの家を「身の危険や不安を感じたときに、安心して避難できる場所」としてだけではなく、「信頼のできる大人に相談ができる場所」と捉えている子どもが存在しているのではないかと推測し、相談したいが適切な相談先がわからないために相談できない子どもがいる可能性があるのではないか、ひいては子どもの権利侵害につながる可能性があるのではないかとの想定から、申立てを促し、調査を開始した。

○調査

ピーポくんに家の目的や成り立ちについて基礎調査を行い、さらに、ピーポくんの家の運営に関わる青少年育成会、PTA・保護者の会、協力者に、どのようなものとして運営をしているか、子どもたちのどのような利用があるかについてアンケート調査を行うとともに、子どもたちには、ワークショップを通じて、ピーポくんの家の認知度、及び、どのような場合にピーポくんの家を利用しようと思うかを調査した。

結果

調査では、大人も子どもも、ピーポくんの家事業の目的を「身の危険や不安を感じたときに、安心して避難できる場所」と本来の目的のとおり認識していることがわかった。

提言については、事業の目的に沿った運用への努力を踏まえたうえで、子どもたちの利用には、事業の目的からは想定外のものがあることから、不安を抱える子どもたちが、適切な相談先へつながることができるように助言を行えるよう、協力者への情報提供に努めるなど、子どもの権利を基礎とするよりよい運営改善につながるように、市の所管課に提言を提出した。

評価・コメント

制度改善というと大きなものを考えがちであるが、制度に沿った適切な運用を行っていても、想像を超えた利用に直面することがある。

子どもが相談先に迷ったり、大人が適切な相談先を紹介できないために相談につながらないことは、当人にとっては権利侵害につながる可能性があることを提起した事例である。実際の事例の中から提起された違和感を調査につなげていく専門的な工夫、感度が必要である。

概念図・写真等

子ども110番ピーポくんの家のステッカー（左）と

子ども110番ピーポくんの家申立て事例の子どもの意見を聞くためのワークショップ（右）

●国立市

事例名称	SNSのいじめ相談から、制度改善につなげた事例
自治体名等	国立市・子どもの人権オンブズマン
事例区分	制度改善

事例の概要

○調査の端緒

中学２年生のBさんが保護者と一緒に来所。SNS上でいじめがあり、担任に相談したが中心人物が注意されただけで傍観者や観衆には何の対応もしていない。学校に臨時保護者会の開催を依頼したり、SNSにかかわった全員の聞き取り調査を依頼したが、学校の対応は遅く被害者に寄り添っていないということであった。また、Bさんは欠席や早退を繰り返しているとのことであった。

○調査の申立て

救済申立てを受けた上で、オンブズマンと相談員が学校とBさん及び保護者との間に入り調整活動を実施したが、Bさん及び保護者の学校に対する不信感は拭えなかったため、学校のいじめへの対応等について調査・検証を実施した。

○調査

調査の中で、学校の考えるいじめへの対応方針と、保護者が期待する対応との間に食い違いが生じており、これが信頼関係の喪失につながっていることがうかがえた。学校が策定している「いじめ防止基本方針」を確認したところ、いじめ予防や早期発見に比べていじめ発生時に想定される学校対応の記載が少ないことが認められた。そこで、市教育委員会と協議し、市教育委員会において、いじめ発生時の具体的な対応指針について、児童生徒及び保護者があらかじめ知ることができ、安心できるよう対処してもらうこととなった。

結果

市内の公立小中学校において、「いじめ対応基本手順」が備え置かれ、各学校のホームページで公開されるようになり、実際にいじめが発生した際の対応指針について、学校と保護者との間で共通認識を持つことができるツールが設けられた。

評価・コメント

制度改善そのものについて正式な調査申立てがなされたわけではないが、個別救済を端緒として、そこで見えた問題点から、いじめ被害者側と学校との信頼関係を担保することにつながる制度改善を促すことができたと考えている。

概念図・写真等

●松本市

事例名称	学校外のスポーツ・文化活動についてのアンケート調査
自治体名等	松本市・子どもの権利擁護委員（子どもの権利相談室こころの鈴）
事例区分	制度改善

事例の概要

○調査の端緒

　子どもの権利相談室に、学校外活動の指導に関する子どもからの相談がたびたび寄せられていたこと、また、平成30年はスポーツ等における不適切な指導及びパワハラ・セクハラ等の事件が相次いで発覚し社会的にも問題となっていたため、学校外におけるスポーツ・文化活動において子どもの権利が大切にされているのか、ＳＯＳを発信したくてもできない子どもがいないか等、現状を把握するためアンケート調査を行った。

○アンケート結果

　市内の小学4年生以上の全小中学生約12,700人を対象に実施し、回収数は約9,200人、回収率は72.8％（男女ほぼ同数）。
　校外活動に参加しているのは全体の約74％（うち約42％は2種類以上の活動）。
　活動が楽しいと回答したのは、小学生87.2％、中学生73.0％。
　嫌な思いをしたことがあるが、小学生6.3％、中学生4.0％、合計364人。
　嫌な思いをした活動種類は、小中学生ともスポーツが最も多く、次いで塾など。
　嫌な思いをした内容は、「冷やかしやからかい、おどし文句、嫌なことを言われる」、「自分の意見を聞いてくれない」など。割合は少ないが「ひどくぶたれたり、たたかれたり、けられたりする」が12人。
　嫌な思いをしたことについてどのように感じているかは、「他に言い方があるのではないかと思う」29.9％、「自分だけではないと思う」29.4％、「自分のためなので仕方ない」15.9％。
　嫌な思いした時の行動は、「親や大人に話した」46.7％、「がまんした」25.3％。

結果

　公的機関、スポーツ団体、文化団体等240団体にアンケート結果報告書を送付して検討を要請し、新聞報道もされた。一部に深刻なハラスメントが見つかり救済した。子どもの権利相談室にも何件か相談があった。

評価・コメント

　嫌な思いをした子どもの数が少なくて意外であったが、嫌な思いの中身は深刻だった。
　アンケートは子どもたちに活動を考える機会に、指導者には指導のあり方を振り返ってもらう一助になったと考える。

概念図・写真等	嫌な思いの内容 小学生 n=242 中学生 n=122	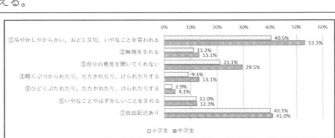

●名古屋市

事例名称	高校生からの校則の申立て事例
自治体名等	名古屋市・子どもの権利擁護委員（愛称：なごもっか）
事例区分	制度改善

事例の概要

○調査の端緒

　高校生から校則に関する電話相談があった。生徒は校則や自らへの対応に悩んでいたため、調査相談員が面談勧奨を行い、初回面談となった。初回面談の際にはなごもっかの機能や子どもの権利、意見表明権があることを伝えた。生徒は自身に子どもの権利条約で約束されている権利があることを初めて知り、驚きと同時に校則に対してさらに疑問を持つようになった。

○申立ての端緒

　高校生は、なごもっかとの面談を重ねる中で、学校へ調査に入ることを希望するようになった。自らが申立人となり、なごもっかに「子どもの権利侵害に関する申立書」を提出した。申立ての内容には、「そもそも校則を守らなければ学校を続けていけないのは、大人たちから子どもたちへの価値観の押し付けなのではないか」、「自分は『女だからこうあるべき』という考え方、主に髪型の校則で苦しんで悩んできました」、「自分だけではなく（中略）自分以外の人も苦しみ、悩まないように、髪型の校則はなくしたい」とあった。申立てを受けた子どもの権利擁護委員は、当該高校に調査を開始した。

○調査

　当該高校に校則や規定、実態について調査を行い、学校での調査・調整活動を続け、申立人生徒にフィードバックすることを重ねた。

※本事例は、特定を避けるため趣旨に変更がない限りで改変している。

結果

高校への調査の結果、校則として生徒手帳や書面に明記していない、教員から口頭で生徒に伝えられている頭髪検査の項目が明らかになった。当該生徒は校長と直接話し合うことを希望し、校長へ手紙を書き、校長との面会が実現した（下記手紙）。調整活動の中で、校則の一部見直しと「相談箱」の設置が行われ、教職員に対する権利学習を実施することとなった。

評価・コメント

生徒自身がなごもっかに相談する過程で「子どもの権利」を知り、それを行使する主体となっていった。個人の悩みとともに、「自分以外の人も悩まないように髪型の校則はなくしたい」と制度改善を意識して、申立てを行い、校則の見直しにつながった事例である。

概念図・写真等

申立てした高校生が校長に宛てた手紙（令和2年度活動報告書より抜粋）

校長先生へ

　生徒の1人としてお手紙失礼します。この手紙をお送りしたのは、校長先生が子どもの権利条約をご存知か、また、それについてどう思っているかのご意見をお聞きしたいからです。私の意見ですが憲法の次に大事な条約で「権利」として保障されているはずですが、保障しきれていない部分があると感じました。例えば第12条の条文には、こう記されています。「子どもに関係のあることを決めるときは、いつでも大人は自分の意見を持つようになった子どもの意見を気にかけなければならない」と。条約違反だと騒ぎ立てる訳ではありませんが、このような条文があり、ほとんどの校則が生徒の意見ではなく、学校側で決められているということに矛盾を感じました。誰にでも平等に権利があるのですから大人達が子どもの意見を尊重できるよう学校に目安箱を設置するなどして、しっかりと子どもの意見を汲み取れるような世の中になってほしいというのが私の意見です。

　校長先生が子どもの権利条約について、どのような意見をお持ちかをどのような形でもいいのでお聞かせいただけると幸いです。

子どもの権利相談室
なごもっか マスコット
キャラクター なごもん

●豊田市

事例名称	放課後児童クラブ（学童保育）の不適切な指導の改善事例
自治体名等	豊田市・子どもの権利擁護委員・相談室（こことよ）
事例区分	制度改善

事例の概要

○事例の概要（2011年）

市内の放課後児童クラブ（学童保育）に参加する子どもの保護者から「指導に問題のある指導員のことで困っている。ほかのところにも相談したが対応できないと言われた」との相談があった。この相談を受け、子どもの権利擁護委員は、相談者の話が事実であれば子どもの権利侵害にあたり、相談者のこどもだけではなく当該クラブに参加するすべての子どもの問題であると考え、「調査の必要な案件」と判断し、調査を行うことを決定した。調査の過程において、他の放課後児童クラブにおいても同様の抗議や苦情が寄せられていることが判明したため、市内の全クラブを対象とした調査を実施することとした。

○調査の結果と制度改善の要請

クラブの担当主任指導員および指導員からの聴き取りによって、クラブで実施されていた「罰ゲーム」（例えば忘れ物などを理由に「おやつなし」「外遊びなし」などを措置すること）について、子どもの権利を侵害するものであることから、すぐにやめることを要請した。全クラブアンケート・指導員アンケートの結果、「呼び捨て」「命令口調」「おしりをたたく」などの不適切な指導があることがわかると同時に、指導員らに、生き辛さを抱えた子どもたちへの対応の難しさがあることも明らかとなった。以上を通じ、豊田市長に対し、クラブの指導員一人ひとりが専門職員として成長できるようしっかりとした研修機会を保障するよう制度改善を要請した。

結果

豊田市長への制度改善の要請においては、子どもの成長発達する権利の保障の観点から、クラブの指導員一人ひとりの専門職員としての立場を保障することの重要性を指摘した。また「豊田市子ども条例」を含む子どもの権利に関する研修や適切な指導方法に関する研修機会を確保すること、指導員の処遇の向上や適正配置、施設設備の充実を速やかに実施することを勧告した。

評価・コメント

放課後児童クラブにおける不適切な指導の実態に対応するに当たっては、一方的に告発したり非難したりするのではなく、指導員からの聴き取りやアンケートを通じ、クラブにおける指導の難しさや困り感に心を寄せ、指導員の専門職としての立場や処遇のあり方、施設設備の整備といった問題点をきちんと指摘することが大切である。それらによって、すべての人が互いに納得しうるよう制度改善提案の合意を形成するべく努力した道筋を残すことも大事である。

概念図・写真等

豊田市の事例等が掲載されている、元とよた子どもの権利擁護委員 木全和巳氏の著書

●川西市

事例名称	いじめ防止等の対策をより実効的に推進するための提言
自治体名等	川西市・子どもの人権オンブズパーソン
事例区分	制度改善

事例の概要

〇提言

2018年12月に市教育長宛の「いじめ防止等の対策をより実効的に推進するための提言」を行った。内容は以下のとおり(以下では、いじめ防止対策推進法を単に「推進法」という)。

1. 推進法第22条は、学校にいじめの防止等の対策のための組織を平時から常設することを規定しているが、教育委員会および各学校において、この組織が果たすべき役割・機能を改めて確認し、これが十分に機能するようさらなる取り組みと工夫を行うこと。

2. 推進法のいじめの定義が広範なものであることに鑑み、いじめ事案が発生した際には、いじめの被害者とされる子どもの安全を確保した上で、まずはその事案が発生するに至った背景的状況を慎重に調査し、それが厳しい指導の対象となる「悪質ないじめ」であるのか、いじめられたとされる側といじめたとされる側双方の主張にそれぞれ一理あるような子ども同士のトラブルであるのか等、事案の性質をよく見極めた上で、適切な教育的対処を行うこと。

〇提言を発するに至った経緯

オンブズに持ち込まれるいじめ相談の中には、学校が初動で躓いてしまっている件や、広汎ないじめ定義の故に「いじめた側」と「いじめられた側」を徒に加害と被害とに分断してしまい、硬直的な対応となってしまって適切な調整ができない件が散見された。そこで、オンブズは、いじめ認知の感度は上げつつ、その背景に思いを致し、いじめの軽重も勘案した対応が必要と考えた。

結果

川西市のいじめ防止基本方針にはもともとオンブズとの協働によるいじめ防止等の取組についての記載があったが、市教育委員会は上記提言を受け、川西市におけるいじめ防止等の対策に関する基本理念として上記2を追記した。これにより、川西市におけるさらなるいじめ防止対策の充実及び学校・教育委員会とオンブズとの協働によるいじめ防止という枠組みの強化が図られることとなった。

評価・コメント

国の基本方針でも、いじめの中には「加害者」とされた児童生徒に必ずしも厳しい指導を要しない場合があることなどは書かれている。しかし、一方でいじめ認知の感度を上げつつ、他方で個別の実態に応じ適切な教育裁量を発揮して関係調整等を行うことが実際には困難な場合もある。上記提言は、こうした学校現場における悩みに寄り添ったものであり、概ね賛同を得られたものであったといえよう。

概念図・写真等

『川西市いじめ防止基本方針』のp.2を抜粋

教育に携わる者すべてが改めて認識し、教育委員会、学校はもとより、家庭、地域が一体となって、未然防止、早期発見、早期対応に取り組まなければならない。誰もが重要な事態と認識するであろう深刻な事案を含む社会通念上のいじめの概念より、法で定義されるいじめの概念の方がより広範であることを鑑み、いじめ事案が発生した際には、いじめの被害者とされる子どもの安全を確保した上で、まずはその事案が発生するに至った背景状況を慎重に調査し、その行為が重大事態や犯罪に結びつく可能性のある「悪質ないじめ」であるのか、いじめられたとされる側といじめたとされる側双方の主張にそれぞれ一理あるような子ども同士のトラブルであるのか等、事案の性質をよく見極めた上で、適切な教育的対処を行うことが重要である(図1)。また、いじめを許さない人格形成の基礎として、就学前教育における「自尊感情」「他者理解」「命の大切さ」などの取り組みは非常に重要である。

さらに、子どもたちを育む大人一人ひとりが、いじめやいじめを生み出す様々な問題について高い規範意識を持って行動するとともに、その防止や解決のために毅然とした態度をとり、取り組む姿勢が求められる。

いじめの問題に取り組むためには、まず教職員が「いじめ」について共通理解し、協働実践することが大切であるとともに、「いじめ」のみならず、「心身の苦痛を感じている」すべての児童生徒への対応を念頭に取り組むことが肝要である。そのうえで、いじめの問題の取り組みには「いじめを生まない土壌づくり」と「いじめが起こった時の組織的な対応」が重要となってくる。つまり、いじめ問題においては「予防的生徒指導」と「対処的生徒指導」とが連動した、「開発的生徒指導[4]」を実践していく必要がある。

1 いじめの定義

「いじめ」とは、児童生徒に対して、当該児童生徒が在籍する学校に在籍している等当該児童生徒と一定の人的関係にある他の児童生徒が行う心理的又は物理的な影響を与

※3 文部科学省児童生徒課作成資料 一部改変
※4 開発的生徒指導とは予防的生徒指導と対処的生徒指導を連動させながら児童生徒の良さを伸ばす生徒指導

広報・啓発、その他

●札幌市①

事例名称	子どもアシストセンター広報ステッカーの作成及び配布
自治体名等	札幌市・子どもアシストセンター
事例区分	広報・啓発

事例の概要

○広報・啓発活動

　子どもの権利侵害からの救済にかかる実効性を確保するには、子どもや保護者に加えて、子どもが育ち学ぶ施設の職員など、多くの方々に子どもアシストセンターの存在を知ってもらうことが重要と捉えている。

　このため、当センターでは、広く市民に対して当機関を周知するとともに、子どもの権利侵害が起こらない環境を社会全体で目指すための問題意識の醸成や啓発を図っていくために、広報誌やチラシ、カードの配布、出前講座の実施など様々な手法でPRしている。

○ステッカー作成の端緒

　令和2年度はこれまでの広報活動に加えて、更なる周知のために、学校のトイレや学級内など子どもが日頃よく目にする場所において、機関の周知や気軽に相談するよう呼びかけることが効果的であると考え、子ども向けの掲示用ステッカーを作成した。

　また、令和3年度には、子どもの保護者への周知を図るために大人向けのステッカーを作成した。

結果

　子ども向けステッカーは小学校向け、中学校・高等学校向けの2種類作成し、市内の小中学校、高校、特別支援学校、児童会館の501か所に配布した。大人向けステッカーは、保育所等の保育施設481か所、区役所や地下鉄構内などの公共施設70か所の合計551か所配布した。

評価・コメント

　新型コロナウイルスの感染拡大防止により、子どもや地域の方々へ、直接当センターの役割や気軽に相談できることを訴える機会が減る中で、当センター周知の機会を確保するためには、継続的な広報活動が重要である。

　ステッカーを学校や施設等に掲示することは、子どもや保護者、更に多くの市民が日常的に目にする機会を増やし、子どもの権利への関心を抱いてもらい、ひいては当機関の認知度向上につながっている。

概念図・写真等

○小学校向けステッカー

○中学校・高等学校向けステッカー

○大人向けステッカー

●札幌市②

事例名称	子どものための相談窓口連絡会議
自治体名等	札幌市・子どもアシストセンター
事例区分	その他

事例の概要

○概要

　札幌市内には、子どもアシストセンターの他に、北海道や民間団体など多くの相談窓口機関が存在し、それぞれの設置目的や相談対象者、相談分野、方法などの特徴を生かして相談・支援業務を行っている。

　しかし、子どもを取り巻く問題は厳しく、複雑化していることから、事案によっては当該機関単独で問題の解決・改善を図ることが困難な場合も少なくない。

　そのために、関係機関相互の役割を理解しあいながら、子どもを権利侵害から救済するための幅広い連携体制の構築を行うため、標記会議を開催し情報交換を行っている。

○実施状況

　令和2年度は、新型コロナウイルスまん延防止のため書面会議により令和2年7月と令和3年3月に開催し、各機関の相談状況や新型コロナウイルス対応にかかる工夫、機関相互の連携の事例等について情報交換を行った。

　令和3年度については、9月は緊急事態宣言の発出により書面会議となったものの、令和4年3月はZoomによるオンライン会議を実施した。会議では、各機関の新型コロナウイルスの影響や、成人年齢引き下げへの対応等について意見交換を行った。

結果

　令和元年7月に当会議を開催して以降、新型コロナウイルスの影響で会議の休止や書面会議が続き、各機関との関係が希薄傾向にあった。しかし、今回はオンラインでの開催ではあったが、21カ所の相談機関が参加し、対面で意見交換を行うことができた。これにより、相談機関同士に「お互いに顔の見える関係」が築かれ、各機関との一層の連携体制を確認することができた。

評価・コメント

　子どもを取り巻くさまざまな課題に対応するためには、相談機関相互の理解を深めていくとともに、日常的に協力・連携ができるような体制を構築していくことが最も大切である。一機関では対応が難しく相談が行き詰まってしまうような事案についても、「顔」を知っていることをきっかけとして、複数の機関がそれぞれの得意分野を生かして協力しあうことで、新たな展開が生まれることを期待している。

概念図・写真等	○会議の様子（令和元年度）	○令和3年度（第26回）会議参加機関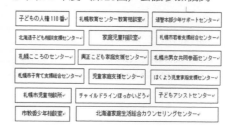

●世田谷区

事例名称	子ども・おとな向けの子どもの権利に関する講座
自治体名等	世田谷区子どもの人権擁護機関「せたがやホッと子どもサポート」（略称：「せたホッと」）
事例区分	広報・啓発

事例の概要

○「せたホッと」の出前講座

　「せたホッと」では、出前講座という名称で、小学校・中学校問わず各所で講座を行っている。内容は、依頼のあった学校等と打ち合わせをしながら決めていき、現在まで「いじめ予防授業」や「セーフティ教室」、「家庭での子どもの権利（ヤングケアラー）」といった講座を実施した。子どもを対象としたものの他、保護者や地域住民、関係機関等を対象としたものも行っている。

○講座の内容①（「セーフティ教室」）
・「せたホッと」ってどんなところ？
・権利ってどういうこと？
・権利がとられそうになったら（人形を使った劇）
・いざという時自分を守るには？（ロールプレイ）
・信頼できるおとなを探そう（ワークシートの記入）

○講座の内容②（「子どもの権利（ヤングケアラー）」）
・「あなたはいま幸せですか」
・子どもは権利の主体（ヤングケアラーの動画視聴、ワークシートの記入）
・子どもだからこそ認められる権利（子どもの権利条約）
・やりたいことを自分で決める
・「せたホッと」ではどんなことが相談できる？（事例を含んだ「せたホッと」の紹介）

結果

毎回、講座の感想を書いてもらっており、講座内容の改善につなげている。また、同じ学校から再度依頼がくることもあり、その時の学校の課題に応じた講座を実施している。

評価・コメント

子ども・おとなへ向けた広報・啓発を行うことにより、「せたホッと」の周知だけでなく相談機関としてのイメージの構築につながっている。講座を実施するにあたり、学校や依頼者との打ち合わせを丁寧に行うことにより、学校の抱える課題解決の一助となり、併せて教職員・関係機関の職員他への「せたホッと」の周知となる。子どもの権利学習は、自分や他者を尊重する気持ちの醸成、さらには子どもの自己実現につながっている。

概念図・写真等

出前講座の様子

参考・引用資料：
　　　　「せたホッとレター第１３号」

●西東京市

事例名称	子ども条例副読本（6年生向け）の作成
自治体名等	西東京市・子どもの権利擁護委員（愛称：CPT）
事例区分	広報・啓発

事例の概要

○副読本作成の端緒

2018年に制定された西東京市子ども条例について、学校教育の中で活かさなければ条例も画餅に帰すとの教育委員会及び子育て支援課の考え・提案により、小学校の授業で行うための小学6年生向け条例副読本の作成が、条例で設置された子どもの権利擁護委員に、2019年度、依頼がなされた。

○副読本作成のプロセス

代表子どもの権利擁護委員が大学の教員であったことから、同委員の大学のゼミでこれを取り上げることとし、半年をかけて作成した。

ゼミでは、学生が子ども条例を読み込み、子どもに伝えたい箇所を議論し、授業でどのような形で展開をすれば効果的かを踏まえながら、構成、デザインを含めて手がけた。教育委員会指導主事が、複数回、ゼミに出席し議論に参加している。

学生の作成に係る副読本案は、庁内の副読本作成の検討会議を経て、最終的な副読本とした。

○副読本の内容　『みんなで学ぼう 西東京市子ども条例』（写真下）

- ・「子ども条例」って？ なに？
- ・権利とは
- ・西東京市子ども条例
- ・西東京市と地いきの人たちの役わり
- ・わたしたちの居場所
- ・みんながもっている"意見を言う権利"
- ・だれもいじめられてはいけない
- ・子どもの味方、CPT（子どもの権利擁護委員）
- ・まとめ

結果

完成した副読本は、2019年度、各小学校の6年生に配布された。2020年度には、同ゼミで、副読本の指導書づくりに取り組み、2021年度には、指導書授業案をもとに子どもの権利擁護委員が小学6年生向けの授業を行った。

評価・コメント

大学生という子どもに比較的近い年代の学生が作成に関わることの意義は大きい。また、副読本の作成のプロセスは報道された。あらゆる機会とそのプロセスと使って子ども条例を広報することは大切である。

概念図・写真等

●国立市

事例名称	高校生とのコラボ企画の運営・開催
自治体名等	国立市・子どもの人権オンブズマン
事例区分	広報・啓発

事例の概要

○実施の目的

子どもたちの興味関心や得意なことを活かした取り組みを通じて、本事業を知ってもらい、より身近に感じてもらう。

○活動内容（①イラストの制作依頼）

各学校等を通じて継続的に、子どもたちへリーフレットや機関誌を配布している。これら印刷物のイラスト制作を市内の高校生に依頼した。企画に先立ち、オンブズマンが学校へ出向いて事業の説明を行った。作成に当たっては、実際に手に取る子どもたちに分かりやすいイラストやデザインについて話し合いを重ねた。

○活動内容（②ワークショップの運営サポート）

市内の高校生に、子どもの人権に関するワークショップの企画や運営ボランティアとして携わってもらった。当日、小学生年齢の子どもたちと一緒に、遊びを通じて権利について考えた。後半は高校生もワークを行い、自身のことを振り返ったり、他の子どもたちと意見交換する機会となった。

○活動内容（③オンブズマン紹介動画）

動画作成・編集に興味がある子どもたちへ依頼し、オンブズマンの紹介動画を作成してもらった。再現ドラマやインタビュー等も含め、子どもたち主導で撮影や編集等のすべての作業を行った。

紹介動画URL：https://www.youtube.com/embed/kHbGz_P2eOE

結果

どの活動も、子どもたちがそれぞれの力を発揮して熱心に取り組んでくれた。活動終了後には、達成感を味わったり、活動を楽しめた様子であり、複数の活動に参加してくれた高校生もいた。子どもたちと協力して広報活動、啓発活動を行うことで、他の子どもたちにも親しみやすい内容となるとともに、協力してくれた子どもたちにも子どもの権利への理解を深めてもらう機会となった。

評価・コメント

どの活動においても、単なる手伝いや大人の指示通りに子どもにやってもらうのではなく、子どもたちから意見や感想を聴きながら、子ども主体の視点を大切にした活動を展開した。このような広報、啓発活動における子どもとの協働を地道に積み重ね、拡充していくことが、地域における子ども参加の意識を醸成することに繋がるものと思われる。

概念図・写真等

①高校生によるイラスト提供（左）と
②ワークショップの運営サポートの様子（右）

個別救済／制度改善／広報・啓発、その他

●川崎市

事例名称	人権オンブズパーソン子ども教室
自治体名等	川崎市人権オンブズパーソン
事例区分	広報・啓発

事例の概要

○**制度概要**
人権オンブズパーソン子ども教室では、人権オンブズパーソンや専門調査員が学校や児童養護施設に出向き、人権、特に川崎市子どもの権利条例に規定されている8つの権利や相談事例について、広報啓発DVDやPR動画等を活用して説明し、直接子どもたちに人権の大切さや人権オンブズパーソンが安心して相談できる機関であることを伝えている。

○**アンケートの活用**
子ども教室終了後に、教師・生徒に匿名のアンケート調査を実施しており、その回答結果を今後の子ども教室の内容や説明の仕方等に役立てている。また、アンケートには、子ども教室に関する質問のみならず、現在の子どもの状況に関する質問（例「大人で相談できる人はいますか？」）や自由記載欄もあり、気になる回答があった場合には、アンケート結果のフィードバックと併せて、実施した学校にお伝えすることにより、子どもの教育・指導に役立ててもらっている。

○**相談カードの配布**
子ども教室実施時に、無料の相談電話番号「子どもあんしんダイヤル」を記載した定規型の相談カードを生徒全員に配布している。

結果

令和3年度は、小学校8校（全17クラス）、中学校5校（全22クラス）、児童養護施設2施設で実施し、全体で延1309人の参加があった。また、人権オンブズパーソンから、新型コロナウイルス感染症の影響による人権侵害についての話もあった。

評価・コメント

子どもが顔の見えない大人に電話で悩みを相談することは、大人が考えている以上にハードルが高い。そのため、人権オンブズパーソンが直接子どもと顔を合わせる子ども教室の意義は大きく、実際にも、子ども教室実施後は、毎年子ども本人からの相談件数が増える傾向にある。子ども教室を継続して実施することで、気軽に相談できる機関であることを直に伝えていくことは重要である。

概念図・写真等

●松本市

事例名称	身近な相談室となるための広報・啓発
自治体名等	松本市・子どもの権利擁護委員（子どもの権利相談室こころの鈴）
事例区分	広報・啓発

事例の概要

○相談室周知用カードの配付
　子どもの手元に届くことで、困ったときは相談してみようと思ってもらえるよう、毎年年度当初に名刺サイズのカードを全小中高校生に配付している。

○「こころの鈴通信」の発行
　各学期初めと11月20日の子どもの権利の日を含む「まつもと子どもの権利ウィーク」の年4回、小学生版、中高校生版を発行し、全小中高校生に配付している。
　通信では、子どもの権利についての説明や相談の流れ、擁護委員や相談員の紹介などを掲載。相談事例や子どもたちが抱えていそうな悩みを紹介して相談への導入を図っている。

○児童館・児童センター等の訪問
　子どもの権利に関する学習講座を開催しており、講座後は相談会を開いて子どもたちの声を聴いている。

○校内放送の活用
　「まつもと子どもの権利ウィーク」に合わせて、小中学校の校内放送で子どもの権利やこころの鈴の紹介を行っている。放送は放送委員や担当教諭により、給食等の時間を利用して行っている。

○学校への広報・啓発
　学校へ出向いて校長・教頭と懇談し、子どもの権利条例や子どもの権利擁護委員、こころの鈴への理解を得ながら、協力と連携を依頼している。

結果

　令和3年度に実施した「松本市子どもの権利アンケート調査」では、こころの鈴の認知度は「内容まで知っている」32.5％、「名前を知っている、または見たり聞いたりしたことがある」44.2％、合計76.7％となり、平成25年度にこころの鈴が設置されて以降最も高くなった。

評価・コメント

　カード・通信が手元に届くと相談が増加することから、こころの鈴が子どもたちの身近にあることを常に発信していくことが大切と考える。

概念図・写真等

カード

●名古屋市①

事例名称	相談を通じたモニタリング結果の公表
自治体名等	名古屋市・子どもの権利擁護委員（愛称：なごもっか）
事例区分	広報・啓発

事例の概要

　個別の事情は違えど、子どもの権利侵害を引き起こす同じ傾向の相談があることがある。それらを「特に目立った相談」および「相談から見えてきた課題」として子どもの権利侵害状況のモニタリング結果を報告書に記載することで、権利侵害が発生しやすい状況を明らかにするとともに、関係機関に対し、権利侵害が発生しない自主的な取組を期待するものである。

　2020、2021年度の各報告書では、「特に目立った相談」として、新型コロナウイルス感染症に関する相談と特別支援教育をとりあげた。新型コロナウイルス感染症に関する相談では、一斉休校から休校の延長、学校開始となる中で、感染の不安（子ども・大人）→友達と会えない、宿題が大変（子ども）→不登校や登校しぶり、感染やワクチン接種の不安に関する相談（大人）と相談内容も変化が明らかになった。

　「相談から見えてきた課題」としては、教員による不適切対応を2年連続で取り上げた。中でも「あなたしか注意される子はいない」「●年生（所属学年より下）に行きなさい」など、子どもの尊厳を傷つける暴言に着目したのは、相談件数が2年連続で多かったことのみならず、教員がある児童に使った子どもの尊厳を傷つける言葉を、他の児童が当該児童に使うようになったなど、教師の言動がいじめを誘発したものも複数あったためである。子どもの権利条約や国内法との関係を説明し（2020年度）、背景についても考察した（2021年度）。また社会的には校則に注目が集まる中、思いのほか子どもからの校則に関する相談は少なかったため、校則も子どもの権利の問題であると知ってもらう必要があると考え、報告書に取り上げた。

結果

教育委員会に対する年度報告において「相談から見えてきた課題」を伝えたところ、教育委員から、不適切対応について問題でありなんとかしなければならないという意見が強く述べられた。また、相談を通じたモニタリングを踏まえ、2021年9月、生徒指導提要改訂に関する意見書を国に提出した。

評価・コメント

一斉休校のような子どもの権利が一方的に侵害された際に、どのような不安が生じたのかなどを明らかにする意義は大きい。また、発意による制度改善の前に、どのようなことが繰り返し相談されているのかを明らかにすることで、子どもの権利侵害に関する危機意識の醸成と自主的な取組を期待することができる。

概念図・写真等

令和2年度名古屋市子どもの権利相談室「なごもっか」活動報告書より抜粋

●名古屋市②

事例名称	子どもの権利学習
自治体名等	名古屋市・子どもの権利擁護委員（愛称：なごもっか）
事例区分	広報・啓発

事例の概要

子どもの権利に関する研修・講演を無料で行っている。以下はこれまで実施した対象の一部であるが、幅広く研修を実施している。

【大人向け】
① 名古屋市職員研修
② 公立保育園園長研修
③ 児童相談所職員研修
④ 教員研修
⑤ 生涯学習センター職員研修
⑥ 主任児童委員研修
⑦ 人権擁護委員研修
⑧ PTA研究活動大会
⑨ 子育て中の方・子育て支援者
⑩ 生涯学習センター人権講座
⑪ 保育士研修
⑫ 学童指導員研修
⑬ 学校事務職員研修　など

【子ども向け】
① 小学校（各クラス）
② 中学校（各クラス/全体）
③ 高校（学年）
④ 学習支援事業
⑤ 夏休みワークショップ（下写真）
⑥ 一時保護所　　　　　　　　　　など

● 大人向け権利学習のテーマの例
・考えよう、子どもの権利〜子どもの思いを知ることから〜
・「子どもの権利」を理解する〜最強の子育てガイドライン！「子どもの権利条約」を中心に〜
● 子ども向け講演・ワークショップのテーマの例
・「子どもの権利」ってなぁに？
・「なごや子どもの権利条例」子ども解説

結果

「なごもっか」の存在が周知されるにつれ、研修依頼は増加している。子どもの権利を初めて知った、もっと早く知りたかった、子どもの権利をもっと多くの人に知って欲しい、自分の対応を反省したなどの感想が多く、大人からも子どもからも好評である。

評価・コメント

子どもたちに権利を伝えることは当然であるが、子どもが権利を行使したときに大人が権利を尊重しなければ、子どもの権利は絵に描いた餅になってしまう。そのため、子どもに関わる大人はもちろん、子どもに直接関わらない大人も子どもの権利を知ることが重要であり、市職員研修など市とともに広い職種に対し研修できていることは、意義が大きいと考える。

概念図・写真等

夏休みワークショップの様子

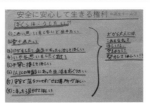

●豊田市

事例名称	子どもの権利啓発に関する事業
自治体名等	豊田市・子どもの権利擁護委員・相談室（こことよ）
事例区分	広報・啓発

事例の概要

○小学生・中学生向け「子どもの権利学習」

2010年度から、市内の小学校1年生・3年生・5年生ならびに中学校2年生を対象に「子どもの権利学習」を実施している。小学校・中学校は、それぞれの学校における年間教育活動のなかに「子どもの権利学習」を位置づけ、各クラスの担任教員が実施する。各クラスの担任は、あらかじめ準備された学習教材（豊田市子どもの権利学習ノート「ひまわり」）を用いて条例ならびに条例に示されている子どもの権利に関する基礎的な内容を説明したり、条例に照らして子どもが自分の権利が守られているかどうかをチェックする（指導書「豊田市の子どもの権利学習プログラム」）。それに加えて、希望する学校には特別授業として、子どもの権利擁護委員が教室に行き、それぞれの発達段階に応じてワークショップを行い、子どもの権利の具体的な内容を解説するとともに、もしも子どもの権利が守られてない場合や困りごとがある場合には、「豊田市子どもの権利相談室（こことよ）」で相談できることを知らせる。

○中学校での子どもの権利啓発事業

2019年度からは、中学校向けの子どもの権利啓発事業を計画し実施している。3年間で市内の全28中学校で実施することを計画したものの、2020年度はコロナの感染拡大により事業を休止したため、2021年度までに18校で実施した。本事業では、①講演＋ワークショップ形式での教員向けの研修と、②全校生徒向けの講演をセットで実施し、すべての子どもに無条件に与えられている権利についてわかりやすく説明する。いずれも子どもの権利擁護委員が担当する。

結果

子どもの権利学習特別授業は、授業回数が年々増加する傾向にある。2019年度は、市内の小・中学校23校106クラスで実施したが、コロナ禍の2020年度は17校59クラスでの実施に止まった。2021年度は、32校137クラスと大幅に増加している。

評価・コメント

子どもの権利擁護委員が学校に出向き、子どもたちと直接対面して実施することを基本としている。その際、あらかじめ相談員が事前に学校や学級の様子を聴き取り、配慮の必要な事項や実施方法について学校からの要望や意見を聞くようにしている。また、授業の振り返りシートなどを用いて、子どもからの相談につながるよう工夫している。

概念図・写真等

●宝塚市

事例名称	サポート委員会だよりの配布（市内全小、中、高校生、養護学校生向け）
自治体名等	宝塚市子どもの権利サポート委員会
事例区分	広報・啓発

事例の概要

○おたより配布の動機
子どもの目に直接触れることで、子どもが困りごとなどを相談してみようと思ってもらえるように、2018年5月号より配布開始。
○配布について（時期、対象、方法、内容）
年3回、新学期冒頭に、市内の公・私立小・中・高等学校・養護学校に通うすべての子どもに学校を通じて配布している。

5月：サポート委員会だより　小、中、高、養護学校とダイヤルカード
8月：サポート委員会だより　小、中、高、養護学校とリーフレット
1月：サポート委員会だより　小、中と養護学校
　　　（小3生には、啓発グッズのクリアファイルとお手紙フォーム、
　　　　小6生及び中3生には啓発グッズの赤シャープペンシル）
※おたよりは、宝塚市のホームページからも見ることができる。
○おたよりと共に配布している啓発グッズ
ダイヤルカード、リーフレット、クリアファイル、お手紙フォーム、赤シャープペンシル
○工夫していること
小学校低学年、高学年、中学生、高校生、養護学校生とで違うおたよりにし、子どもの発達段階や目線に沿って工夫している。内容も相談に特化せず、クイズや身近な話題なども取り上げている。

結果

・おたよりを読んで、サポート委員会のことを知る子どもが増えた。
・おたよりを配った後では、相談の件数が増えた。
・ダイヤルカードやリーフレットを見て、サポート委員会のはたらきについて知る子どもが増えた。
・お手紙フォームを配布したことで、お手紙をすぐ書いて送ってくれる子どもがいる。

評価・コメント

・おたよりを配布することで、子どもたちに子どもの権利サポート委員会について親しみを持ってもらえた。
・実際に、相談することを迷っている子どもの背中を押すきっかけとなっていることが、配布後の相談件数の結果からもわかり、継続したおたより配布の効果が出ていると考えられる。

概念図・写真等

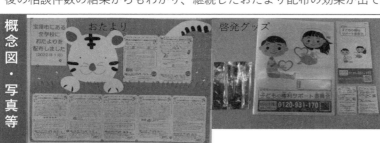

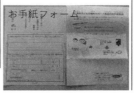

●川西市

事例名称	子どもに届く広報・啓発
自治体名等	川西市・子どもの人権オンブズパーソン
事例区分	広報・啓発

事例の概要

〇子ども用リーフレット・電話相談カード・オンブズ通信等の配布

子ども自身からのアクセスを増やすべく、リーフレットでオンブズ制度の概要を説明し、具体的な相談の仕方などを解説。オンブズ通信では、子どもの権利条約で認められた子どもの権利について解説したり、実際にどんな相談が多いかについてケース(架空)紹介や相談内容のランキングを掲載している。3月には「中学校を卒業するあなたへ」と題したチラシも配布し、高校以降も気軽に相談に来て欲しいとのメッセージを発している。

〇小学3年生によるオンブズ事務局見学

相談員が紙芝居を用いてオンブズの説明を行う。事務局内の電話を使って相談用ダイアルに電話をかける体験をしてもらっている。

〇「トライやる・ウィーク」（職業体験）での中学2年生受け入れ

4〜6校から10人前後を5日間受け入れている。オンブズとの話し合いや相談員との模擬研究協議（ケース会議）などを行う。

〇「子ども☆ほっとサロン」の開催

相談員が企画し、月1回のペースで、相談経験のある子どもを中心に、相談経験のない子も交じって、スポーツ、ゲーム、工作、菓子作り、フリーマーケットへの出店、クリスマス会などの行事を行っている。

結果

職業体験として、短期間であれ、オンブズの仕事を学んでもらえることが年中行事となっている。子どもにとって相談の敷居を下げる効果があるのではないかと期待している。また、見学にも同様の効果があるのではないかと考えている。「子ども☆ほっとサロン」では、相談経験のある子どもがスポークスマンとなって、相談未経験の子にオンブズの良いところを宣伝してくれていることもある。

評価・コメント

致し方のないことではあるが、子ども自身からの相談が保護者からのそれに比して少ない。子どもに届く広報・啓発を工夫して、もっともっと子ども発信による相談を掘り起こしていきたい。過去には市教育委員会主催の子ども議会も設けられていたが、現在は廃止されている。これも子ども参加の良い例だと思うので、復活を含め検討していきたい。

概念図・写真等

『子どもオンブズ通信 No.11』より

●志免町①

事例名称	子ども実行委員
自治体名等	志免町
事例区分	広報・啓発

<table>
<tr><td colspan="2" align="center">事例の概要</td></tr>
</table>

○概要

　「志免町子どもの権利条例」が施行されて11年目に当たる2018年、子どもが作るイベントを開催しようと思い、「子ども実行委員」を募集しました。8人の子ども実行委員が集まり、町の文化祭での出展や子どもの権利かるた大会の運営を行うことになりました。

　子どもたちには町の子育て支援課長から「子どもの実行委員」の委嘱状交付がありました。その後、平成30年と令和元年は志免町の子ども権利条例について学んだり、子どもの権利かるたを経験しました。話し合いやポスター作成などの準備を経て、当日を迎えました。文化祭では、ポップコーン、飲み物の販売、くじびき、お菓子すくいをしました。

　コロナ禍の2021年は『子どもが笑顔になれる理想の〇〇を考えてみよう！』のテーマのもと「〇〇」に当てはまる項目について話し合いました。話し合いの結果、1. 理想のイベント、2. 理想の学校、3. 理想の公園・遊び場について考えることに決まり、1〜3のどのチームに入りたいか立候補で決めました。委員会では子どもたちで行きたい場所を決めて、役場内探検もしました（役場の屋上、議場、総務課・経営企画課・学校教育課・子育て支援課）。実行委員会で取りまとめられた内容を報告書にし、町長に手渡しました。

（概要、写真、結果は志免町ホームページより引用）

結果

　町長と一問一答形式で行われた懇談会では、子ども実行委員会からさまざまな質問や意見が出ました。志免町の未来を真剣に考える子どもたちの声を受け、町長が子どもたちに思いを伝える有意義な会になりました。

　子ども実行委員のメンバーが通学している各小中学校の校長先生・教頭先生・担任の先生に子ども実行委員会の活動報告書を手渡し、活動報告の説明を行いました。先生達からは1年間の実行委員活動への労いの言葉をいただきました。

評価・コメント

　子どもたちにできることを町が考えた結果としての取り組みです。町がベースとなる仕組みを作ると子どもたちが集い、事業を企画して取り組んだり、町に提言することを経験できます。子どもが動くと、何かが変わる実例だと思います。

概念図・写真等

個別救済　制度改善　広報・啓発、その他

●志免町②

事例名称	志免町子どもの権利かるた大会
自治体名等	志免町
事例区分	広報・啓発

事例の概要

○**概要**
　子どもの権利かるた大会は、「子ども実行委員」の運営により、2017年に始まりました。子どもの権利かるたは小学校の人権学習の授業でも使われており、子どもたちには慣れ親しんでいます。
　初回の大会では上の句で札をとれる子もおり、日頃から遊んでくれていることを感じました。子どもたちに好きな札とその理由をインタビューしてみると、たくさんの子が自分なりに考える「子どもの権利」について発表してくれました。かるたが「子どもの権利」を考えるきっかけになっていることがうかがえました。
　2020年と翌年は、コロナ禍により大会を開催できていません。

○**「子どもの権利かるた」**
　2017年に「志免町子どもの権利かるた」がNPO法人スペース de GUN²の制作で完成しました。このかるたは、子どもの居場所リリーフを開設した10年前から、子どもたちと一緒に少しずつまとめ、さらに絵と上の句を付け加えられたようです。また、かるたで使用される言葉は、「志免町子どもの権利条例」を平易な言葉になおしたものだそうです。
　　　　　例えば「あ」は、上の句：かざらなくて　いいんだよ
　　　　　　　　　　　下の句：ありのままで　いいんだよ
　　　　　　　　　　　　　　（概要、写真、結果は志免町ホームページより引用）

結果

　子どもたちは、上の句が読まれるのを静かに聞き、次につながる言葉を考えます。くりかえし遊びながら、言葉の意味を考え、自分や友達が持っている権利についてやさしく学べる仕組みになっています。

評価・コメント

　子どもたちの言葉で「子どもの権利」を表現することで、他人事ではなく、自分のこととして捉えることができると思います。

概念図・写真等

第**6**章
日弁連の提言から
見える課題

栁優香

日本弁護士連合会子どもの権利委員会人権救済小委員会委員長

1
「子どもの権利基本法の制定を求める提言」
及び「子どもの権利基本法案」の公表

　日本弁護士連合会（以下「日弁連」と表記する）は、これまで、国連・子どもの権利委員会の政府報告書審査に際し、我が国の子どもの権利に関する実績を報告するオルタナティブレポートを提出し、予備審査と本審査に委員を派遣してきた。

　国連・子どもの権利委員会は、我が国に対して、①子どもの権利に関する包括的な法律の採択、②子どもの権利に関する政策の実施に関係している部門横断的に並びに国、広域行政圏及び地方のレベルで行われるための明確な任務及び十分な権限を有する適切な調整機関の設立、③子ども及び条約のすべての分野を対象とする評価及び監視のための機構の設置を繰り返し勧告してきたが、日弁連としても、これらが実現されていない現状について、オルタナティブレポートの提出、会長声明の公表などを通して、改善の必要性を表明してきた。

　こうした中、日弁連では、上記①～③の実現のための具体的検討を約10年前より開始し、議論を重ねてきた。そして、国内の様々

な動向を見ながら、2021年9月17日、「子どもの権利基本法の制定を求める提言」及び同別紙としての「子どもの権利基本法案」を公表した*1。

2
子どもの権利基本法が必要な理由

　子どもの権利条約を我が国が批准して約28年になるが、残念ながら条約が国内に浸透し、十分に実施されているとは言えない現状にある。

　条約の批准、その後の国連・子どもの権利委員会の勧告等を受けて、変化してきたことも多くあるが、児童虐待、いじめ、自殺、体罰、貧困などの子どもの権利の侵害は深刻であり、子どもの数は減っているにもかかわらず、子どもたちのこうした権利侵害は減っていない。また、不合理な校則、不適切な生徒指導、特別支援教育を必要とする子どもへの理解や専門性の不足など学校における子どもの権利の保障も課題となっている。子どもの権利条約で権利を保障されている主役は子どもである。しかし、その子ども自身、そしてかつて子どもだった大人も、子どもの権利条約の内容を知っている者は少ない*2。

　確かに、日本には、司法、福祉及び教育の各分野において、少年法、児童福祉法、児童虐待の防止等に関する法律、教育基本法、学校教育法、いじめ防止対策推進法など、すでに多くの子どもに関する法律がある。これまで、何か課題が生じると、個別法を制定、改正する等して対応するということを繰り返してきた。しかし、それ

....

＊1　日弁連ホームページに掲載をしているため参照されたい。 https://www.nichibenren.or.jp/library/pdf/document/opinion/2021/210917.pdf
＊2　子どもNPOセンター福岡が行った福岡県内の小中高生3479人に行った意識調査（2020年）では、子どもの権利条約の内容を「よく知っている」、「少し知っている」は合わせて13.1%（『ふくおか子ども白書2021』子どもNPOセンター福岡、29頁）。

だけでは課題の解決には十分ではないことは、前述の子どもの置かれた現状から見て明らかである。

　なぜ、状況が改善しないのか、それは、やはり、私たち大人の子どもは一人の人格主体であるとして尊重する子ども観、子どもは権利の主体であるという共通認識が十分に浸透していないことに原因があるのではないか。

　実際に、前述の個別法には子どもが権利の主体であることが明記されておらず、ようやく2016年の児童福祉法改正により「全て児童は児童の権利に関する条約の精神にのっとり、適切に養育されること、その生活を保障されること、愛され、保護されること、その心身の健やかな成長及び発達並びにその自立が図られることその他の福祉を等しく保障される権利を有する。」（第1条）と明記されたにとどまる。改正された児童福祉法に、「権利」という言葉がうたわれたこと、また、同法第2条に、「全て国民は、児童が良好な環境において生まれ、かつ、社会のあらゆる分野において、児童の年齢及び発達の程度に応じて、その意見が尊重され、その最善の利益が優先して考慮され、心身ともに健やかに育成されるよう努めなければならない。」という努力義務の形ではあるが、子どもの意見の尊重や最善の利益という条約の一般原則に関する規定がおかれたことは画期的なことである。それによって、児童福祉の分野では、「意見表明支援員（アドボケイト）」導入の動きなど、子どもの意見を聴いて、尊重し、子どもの最善の利益は何かを考えるということは以前よりずいぶん浸透してきた。児童福祉法の改正が、実務に大きな影響を及ぼし、改善につながったことを見れば、法律に子どもの権利条約に規定された権利が明記されることが、いかに重要であるかがわかる。しかし、さらに推し進めて、福祉の分野にとどまらず、あらゆる場面において、国内の子どもに関わる法律に条約の理念を反映させ、子どもの権利侵害を根本的に解決するためには、子どもの権利条約の4つの一般原則（差別の禁止、最善の利益の考慮、生命・生存・発達の権利の保障、意見の尊重）を始めとした子どもの

権利を規定し、子どもを権利の主体と明記する、包括的な子どもの権利基本法を制定する必要がある。

　基本法の制定は、子どもは権利の主体であり、差別されない、最善の利益が考慮される、生命・生存・発達が保障される、意見が尊重されるということが、国内の子どもに関するあらゆる場面で根付いて、国民にとって、子どもを一人の人として尊重する子ども観や行動理念を形成していくためには欠かせない。

3
子どもの権利基本法の内容

　日弁連が公表した、「子どもの権利基本法案」の概要は以下のとおりである。

① 第1章　子どもの権利

　多くの基本法と同様に「前文」を置き、法の趣旨や目的などを記した。ここでは、子どもを基本的人権の全面的享有主体であり、「今と未来を生きる存在」ととらえている。子どもの現在のありのまま、子どもの今を大切にすることが子どもの権利の保障には重要な視点である。

　第1条では、基本法の目的を「子どもは、かけがえのない一人の人間として尊重され、その成長に応じた保護と支援を受けられるとともに、権利を行使する主体として、その権利が保障されなければならない。この法律は、子どもの権利条約を我が国において実施することにより、かかる子どもの権利の保障を促進すること」と規定した。

　子どもの定義（第2条）については、子どもの権利条約の国内実施が目的であることに鑑み、条約と同じく「満18歳に満たない全ての者」とした。もっとも、例えば、少年法が20歳未満の者を少

年としたり（少年法第2条第1項）、児童福祉法が、児童養護施設等の措置の延長を満20歳に達するまで認め（児童福祉法第31条第2項）、また、自立援助ホームの入所等の対象者を満20歳未満義務教育終了児童等まで認めた上で（同法第6条の3第1項、同法第33条の6）、厚生労働省が通知において、22歳に達する日の属する年度の末日までの間にある者を施設等において居住の場を提供する等の支援の対象としているなどの現状をふまえ、「個別の法令が子どもの権利を保障する趣旨又は目的に基づき満18歳を超えた者も対象としている場合は、当該法令の適用において、その対象となる年齢の者についても、この法律を適用する。」とした。実際の成長発達過程での権利の保障、保護や支援について、18歳前後で区切ることは困難であり、福祉の分野を中心として個別法では対象を広げる方向となっている。子どもの権利基本法の適用を受ける範囲を実情に合わせて広く認めることは望ましいと考えている。

　第3条〜第8条では、個別の権利を規定した。ここに明記されていない条約上の権利も全て国内でも実施されることは言うまでもないが、特に重要なものとして、条約の4つの一般原則の他に、人格権並びに氏名及び国籍を持つ権利（第6条）、暴力等の禁止（第8条）を明示した。

　第6条の人格権等は、憲法や国内法でも明示的な規定がない上に、いまだに子どもは人として完成される前の未熟な存在として扱われ、大人とは別の人格の主体であるという大切な視点が十分に浸透していないことから、明示的に規定をした。第8条の暴力等の禁止については、児童福祉法と児童虐待の防止等に関する法律が改正され、親権者等が子どものしつけをする際に体罰をしてはならないことが明記されたが、いまだに子どもへの暴力等は深刻な状態にあることから、全ての大人があらゆる暴力、残虐又は品位を傷つける取り扱いをすることのないように規定を置いた。ここでは、暴力等の被害を受けた子どもが心身の回復を求める権利を規定し、より一層の子どもの保護の充実を図っていることも特徴である。

また、差別の禁止には、性の多様性の問題を踏まえて「性別、性的指向、性自認」という文言を入れた。最善の利益（第4条）や子どもの意見とその尊重（第7条）には、子どもが一日の多くを過ごしている学校での課題が多くあることから、「学校その他の教育機関」での最善の利益、意見の尊重を明示した。また、条約にもある「遊ぶ権利」を成長発達権（第5条）の一つとして捉えて規定をしたことも特徴的である。また、子どもに意見を表明する権利があるといっても、現実にはそのような機会が設けられ、それを支援し、エンパワーメントする大人の存在は欠かせない。こうした観点から、意見等を聞かれる機会を与えられ、子どもが意見を表明し、参加できるよう支援する仕組みの整備についても規定した（第7条）。

② 第2章　国及び地方公共団体の責務

　国は、子どもの権利の保障と拡大を図るための施策を総合的、継続的かつ重層的に実施する責務を負うとし（第9条）、地方公共団体は、国と協力しつつ、地域の社会的、経済的状況に応じて、子どもの権利の保障と拡大を図るための施策を策定し、及び実施する責務を有するとして、国と地方公共団体が協力しながら子どもの権利保障を実現していくことを規定した。また、国には、予算の配分（第10条）、子どもの権利条約の啓発・教育等（第11条）、国連・子どもの権利委員会からの勧告の尊重等（第12条）という責務を規定した。

　このうち予算の配分に関しては、我が国の社会支出がOECD平均より低いこと、子どもへの予算割当が明確でないことを国連・子どもの権利委員会は懸念し、子どものための優先予算枠を保護することを勧告している。また、予算決定についても子どもの意見を聴き、予算配分の妥当性、有効性及び衡平性の監視及び評価を行うための具体的指標及び追跡システムを包含した予算策定手続きを確立すること等も勧告している。こうしたことから、単なる財政措置ではなく予算配分と規定し、優先的に子どもに関する分野に配分され

ることが必要と考えた（第 10 条）。また、子どもの権利条約について知っている子どもも大人も少ないことは前述したとおりである。道徳教育や人権教育のみならず、自分に権利があることを知るための「権利教育」を進めていくことが子どもの権利の保障へつながる。子どもの権利に関する教育を学校教育及び社会教育の中に取り入れることを規定した（第 11 条）。国連・子どもの権利委員会からの勧告等には法的拘束力はないが、誠実に対応することは締結国の責務である。しかし、これまで我が国の政府報告書に対しては繰り返し同じ懸念が指摘されている。こうした状況に鑑みて、国が国連・子どもの権利委員会からの勧告等に誠実に応じ、条約で定める権利を実現する努力義務があることを規定した（第 11 条）。

③ 第 3 章　子どもの権利実現のための基本計画

　国が第 2 章で規定した責務を果たしていくためには、子どもの権利を実現するための、包括的な国内行動計画を査定する必要がある。これについて、「子どもの権利基本計画」とし、政府が策定、公表するとともに、実施状況を報告し、定期的に評価し、見直すことを規定した（第 14 条）。また、基本計画策定においては、子どもの実情やニーズを把握している子どもに関わる民間組織及び子どもの意見を反映させることも求められている点は重要である。

　このような基本計画策定に当たっての考慮事項を第 15 条で規定した。子どもの貧困、保育、医療や保健、セクシュアルヘルスやリプロダクティブヘルス、難民その他外国にルーツを持つ子どもに関する事項など、本法の第 1 章において個別の子どもの権利として明記はしていないが（もちろん条約で保障されているため、当然国内でも保障される）特に近年課題となっており、重要な子どもの権利として基本計画に取り入れられるべき分野について指摘をしたものである。

④ 第4章　子どもの施策に関する総合調整機関

　国連・子どもの権利委員会は、第1回政府報告書審査の時から、第4回・第5回審査に至るまで、一貫して、我が国に対し、子どもの施策に関する総合調整機関の設置を求めている。子どもに関する施策を所轄する省庁は、厚生労働省、文部科学省、法務省、内閣府等、複数にまたがっているが、子どもの立場に立った子どもの権利保障という観点からの評価が十分になされていない等の問題がある。子どもに関わり、また、子どもに影響を与える施策について、子どもの権利保障の観点からこれらを総合的に評価し、調整し、実施について策定し、権限をもって実施し又は実施させていく分野横断的な行政機関が必要である。また、子どもの施策を査定するための根拠となるデータ収集は不可欠であるが、現在、子どもに関するデータは、各省庁が独自に収集しており、統一的、継続的、重層的に分析するためのデータがなく、子どもに関する施策の実施状況を総合的に評価することは困難となっている。こうした点についても、国連・子どもの権利委員会より繰り返し勧告されており、子どもの権利保障のために、政策の一元的・統一的な実施及びデータ収集等のため、権限をもってこれを実現するための機関の設置は必要である。

⑤ 第5章　子どもの権利擁護委員会

　子どもの権利擁護委員会は、これまで国連・子どもの権利委員会から繰り返し指摘されてきた子どもの権利に関する独立した監視機関に当たり、諸外国では、子どもコミッショナーなどの名称で独任制の機関として設置されている国と、国家人権委員会の中に子どもの権利を取り扱うセクションを設けて監視に当たる国がある。

　我が国でも、「子どもの権利に関する施策の充実及び保障を推進し、子どもの権利の侵害によって発生する被害の適正かつ迅速な救済及び実効的な子どもの権利の保障を図るという任務」を持った、

独立した監視機関の設置が必要であると考えてこれを規定した（第17 条）。

　この委員会には、(1) 子どもの権利に関する施策及び制度の改善並びに法改正及び立法に関する調査及び研究、(2) 国連・子どもの権利委員会への政府報告や同委員会の総括所見の実施につき、政府に対し意見を述べ、内容を公表すること、(3) 子どもに関する権利侵害への相談への必要な助言及び支援を行うこと、(4) 国及び地方公共団体等に対して、調査、調整、勧告、提案及び意見の表明を行い、これらを公表すること、(5) 子どもの権利の普及及び啓発を行うこと、(6) 国における子どもの権利状況について報告書を編纂し公表すること、(7) その他子どもの権利侵害の救済及び防止に関する一切の事項を権限として規定した（第18 条）。

　現在、40 を超える地方公共団体において、権利擁護委員会があり、こども等からの個別の権利侵害からの相談や救済活動を行っている（2022年4月現在）[3]。筆者もそのうち一つの地方公共団体において、権利救済委員として活動をしているが、子どもや保護者からの相談内容には、いじめ、校則をはじめとした学校生活上のルール、特別支援教育に関することなど共通する課題も多い。また、こうした課題は全国共通のものも多く、国が根本的な制度改善をすべき課題もある。地方における課題を吸い上げて、地域を超えた国の施策として対応をしていくことは、国に設置された機関ならではの役割である。地方公共団体における、権利擁護委員会の設置も以前より進んできてはいるが、全体から見ると約 2 パーセントと少数である。今後、地方公共団体での権利擁護委員会の設置を進めていくとともに、国にも権利擁護委員会を設置し、相互に役割分担をし、連携をしていくことが必要である。

　また、このような監視機関は、「パリ原則（国際連合・国家機関の地位に関する原則）」を遵守した、委員会の構成とそのメンバーの任

＊3　子どもの権利条約総合研究所「子ども条例に基づく子どもの相談・救済機関（公的第三者機関）一覧：救済機関設置順」（2022 年 4 月現在）

命の手続き、十分な財政的基盤の確保、一定の任期を定めた公的行為による任命などの要件を満たす必要がある。そのため、子どもの権利擁護委員会についても、前章の総合調整機関と同様に、より独立性を担保するために、内閣府設置法第49条第3項に基づいて設置することを提言し、独立性確保のために必要な要件を備えるための組織に関する規定や権限に関する規定を置いた（第20条〜第31条）。また、地方公共団体の子どもの権利擁護委員会（子どもの相談・救済機関）についても、設置を促進するべく、都道府県及び指定都市は、設置義務を課し、市町村は設置の努力義務を課した（第32条）。子どもの権利が侵害された場合の個別救済は、より身近な子どもが住んでいる地域の機関が迅速かつ効果的に活動することが望ましい。現在設置されている、先駆的な取り組みを参考に、各地に権利擁護委員会が設置されることを期待したい。

⑥ 第6章　条約の効力等

子どもの権利条約が、この法律に定めるものだけではなく、子どもに関わる全ての事項に関し、効力を有すること、子どもに関する全ての法令の解釈適用に当たって解釈指針とされることを確認した。

4
こども家庭庁の創設とこども基本法成立

政府は、2021年12月21日に、「こども政策の新たな推進体制に関する基本方針〜こどもまんなか社会を目指すこども家庭庁の創設〜」を閣議決定した。その後、第208回通常国会において、政府より「こども家庭庁設置法案」及び関連法案、自民党・公明党議員より「こども基本法案」が提案され、2022年6月15日に各法案が成立した。2023年4月には、こども家庭庁が設置され、こども基本法が施行される予定である。

　こども家庭庁は、常にこどもの視点に立ち、子どもの最善の利益を第一に考え、他の省庁の一段高い立場から司令塔として一体的にこども政策を推進していくとのことである。これまで各省庁バラバラで行われていたこども政策の総合調整機関としての役割を期待したい。また、こども基本法には、その目的に「児童の権利に関する条約の精神にのっとり」との文言が入り、基本理念の中に条約の4つの一般原則に相当する文言が規定されたこと、こども施策に対するこどもの意見の反映、条約の趣旨及び内容の周知が期待されたことなど、子どもの権利保障へ向けて評価できる点も多くある。

　他方で、こども家庭庁は、名称に「家庭」が入ったのはなぜなのか、家庭に責任を押し付けることにならないか、理想の家庭を追い求めることでかえって苦しむ子どもたちがいないか等の批判もある。この点、国会審議では、子どもを中心に、子どもの成長を支える、子どもにとっての居場所を家庭と考え、居心地のいい居場所に子どもが常にいられる権利がある、家庭における子育てを社会全体で支えることが子どもの幸せにつながるという説明がなされた。確かに、家庭の支援は大切だが、真に「こどもまんなか」であるためには、政策が常に子どもの権利保障のためになっているのかを念頭に、子どもの権利に基盤を置いた組織でなければならない。そうでなれば、国連・子どもの権利委員会が繰り返し勧告している総合調整機関とは言えない。また、こども家庭庁には、主に厚生労働省の子ども家庭局や内閣府の子ども・若者育成支援、子どもの貧困対策、子ども・子育て支援本部の所轄事項が移管されたにとどまり、文部科学省の所轄事項などは、移管されておらず、他省庁と具体的にどのように連携し、司令塔機能を発揮していくのかは不透明である。本来、子どもの成長発達、人格形成の場であるはずの学校教育現場において、子どもの権利侵害があってはならない。例えば、文部科学省は、「校則の制定、カリキュラムの編成等は、児童個人に関する事項とは言えず、条約第十二条一項で言う意見を表明する権利の対象となる事項ではない」という見解を維持しており、子ども

の意見表明権について、国連・子どもの権利委員会の一般的意見とは異なる狭い解釈をしている。改訂される「生徒指導提要」には、子どもの権利条約や条約の4つの一般原則が明記されることになったが、やはり、学校現場では、子どもを権利の主体というより、指導、管理の対象と捉えていると考えざるを得ない現状にある。こども家庭庁には、学校教育における子どもの権利保障に力を発揮して頂きたい。

　また、こども基本法には、条約の一般原則に言及はあるも、これらを子どもに具体的な権利として保障する、いわゆる権利カタログという形で明確に規定されているものではない。子どもの権利主体性、子どもの権利保障を理念に終わらせず、具体的な権利として保障していく必要がある。野田聖子内閣府特命担当大臣は、国会審議において、「子どもまんなか社会とは、常に子どもの最善の利益を第一に考えて、子どもに関する取組、政策が我が国社会の真ん中に据えられる社会のことであります。子どもが保護者や社会の支えを受けながら自立した個人として自己を確立していく主体、言い換えれば権利の主体であることを社会全体で認識すること、そして、保護すべきところは保護しつつ、子どもの意見を年齢、発達段階に応じて尊重し、そして、子どもの権利を保障し、子どもを誰一人取り残さず、健やかな成長を後押しする、そんな社会であると考えています。」と答弁した（2022年4月22日衆議院内閣委員会）。ぜひ、この答弁で述べられた、子どもが権利の主体であることを社会全体で認識する、そんな社会を実現して頂きたい。

　また、子どもの意見を政策に反映させることは不可欠であるが、そのための具体的な仕組みがどのようになるのかは明確ではない。困難が見えにくい子ども、積極的に声をあげられない子どもなども含めた、全ての子どもの意見を聴き、反映させることが必要である。また、子どもの権利を保障するためには、政策の事前事後に、子どもの権利への影響という観点から評価する仕組みづくりが不可欠である。予算についても、財政上の措置の努力義務しか規定がな

く、政策を実現するための予算はどのように確保されるのかは明らかではない。子どもの権利の普及・啓発においても、子ども自身に分かりやすく伝えるための方法、学校教育現場で子どもの権利を浸透させていくための権利教育などが不可欠である。こうした様々な課題について、今後の法施行後の状況を注視していきたい。

　そして、残された最大の課題は、子どもの権利擁護委員会（子どもコミッショナー）の設置である。子どもの権利を監視、評価する独立した機関がなければ、子どもの権利保障は十分ではない。国連・子どもの権利委員会は一般的意見や勧告によって繰り返し設置を求めてきているところで、子どもコミッショナーの設置は、条約締結国の国際的責務と言える。総合調整機関の設置、基本法、子どもコミッショナーの設置はいずれも相互に補完しあって、子どもの権利を保障する役割があり、3つ同時に実現されなければならない。上述のとおり、我が国では、国に先行して、複数の地方自治体において、子どもから直接相談を受け、子どもの権利救済する仕組みが広がり、各地で工夫をしながら大きな成果を上げている。しかし、地方で生じている様々な問題は、全国共通の問題であったり、元をたどれば国の法律や政策に行きつくことも多くある。国会審議では、こども家庭庁の調査・勧告権限を適切に行使していくとか、同庁のもとに置かれるこども家庭審議会の調査審議の権限に基づいて子どもの権利利益の擁護に関し政策の評価や提言について議論を行う等答弁されている。しかし、日々成長する子どもの問題は、待ったなしである。迅速に、時には行政機関による権利侵害にも対応するためには、専門性と独立性のある組織が不可欠である。また、周りの大人などに傷つけられ助けてもらえなかった子どもが、第三者を信頼して安心して話をするのは容易ではないし、自身の困りごとが権利の侵害であるという認識を持つこと自体容易ではない。子どもに寄り添い声を聴き、子どもの視点に立って解決する役割を、一省庁や審議会で担うことが果たしてできるのか。地方の子どもの相談・救済機関を広めていくとともに、これと連携して、子どもの

権利をモニタリングし、調査、制度改善などを行う、国の子どもコミッショナーが必要である。

　こども家庭庁の設置とこども基本法の成立を歓迎し、今後の政府の取り組みに期待するとともに、日弁連としても、残された上記課題について、さらなる取り組みを続けて行きたい。

第7章
子どもの声を聴く

中島早苗

認定 NPO 法人フリー・ザ・チルドレン・ジャパン 代表

1
フリー・ザ・チルドレン・ジャパンとは

　フリー・ザ・チルドレン・ジャパンは、1995 年に当時 12 歳のクレイグ・キールバーガーというカナダ人の少年によって、貧困や搾取などの過酷な環境から、子どもを解放することを目的に創設された「Free The Children（フリー・ザ・チルドレン）」に賛同し 1999 年から日本で活動を始めた国際協力団体である。創設者が 12 歳の子どもという経緯から団体の理念は「子どもや若者は助けられるだけの存在ではなく、自身が変化を起こす担い手である」というユニークなものとなっている。日本社会では「子どもは未熟で弱い存在である」といった認識が少なからずある。確かにその通りかもしれない。しかし、だからと言っておとなが子どもを管理し、思い通りにしていいわけではない。周りと調和することばかりが日本の社会では無難とされるなか、世界に目を向け、おかしいと感じる国内外の社会問題に対して声を上げる子どもが増えれば、もっと日本はよりよい社会になるのではないか。そのような想いから、フリー・ザ・チルドレン・ジャパンを設立し活動を続けてきた。

　団体の理念を体現するためには、子どもの権利の実現が重要だと考え、設立当初から活動を通じて出会う子どもたちには、子どもの

権利条約やその条文内容を伝えるようにしている。それらの活動を実施して実感したことは、実に多くの子どもたちが子どもの権利を知らない、ということだ。さらに言えば、子どもの権利を知らないのは子どもばかりではない。一般的におとなや学校の先生さえもあまり理解していないことに気づかされた。子どもへの虐待件数やいじめ件数が増加傾向にあり、日本の子どもの自己肯定感の低さが叫ばれ久しい状況を変えるためには、子どもの権利を保障する新たな仕組みや法整備が必要不可欠だと感じ、2019 年に NGO など 15 団体とともに「広げよう！子どもの権利条約キャンペーン」を立ち上げ、子ども基本法の制定や子どもコミッショナー制度の設置に向け政策提言に取り組むこととなった。この時、子どもに関することは、子どもとともに声を上げることが重要だと考え、様々な機会をつくり子どもの権利に関する意見を聴いたり、声を上げたりしてもらうため、子どもや若者に参加を呼びかけた。

2
子どもたちの声

それらの一連の活動は下表にまとめた通りである。

表 1　子ども基本法制定等に向けた子ども・若者へのヒアリング概要（2020 年
　　　10 月～ 2022 年 8 月）子ども・若者延べ 478 人が参加

実施期間	ヒアリング実施形態	参加者及び人数	実施・協力団体（五十音順）
2020 年 10/21 ～ 11/14	広げよう！子どもの権利条約キャンペーンに所属する団体を通じたオンライン及び対面アンケート	18 歳以下の子ども（一部 20 代のユース）73 人	ACE、東京シューレ、子どもの権利条約フォーラム in とうかい、フリー・ザ・チルドレン・ジャパン、ワールド・ビジョン・ジャパン
2020 年 11/15	子どもの権利条約フォーラム 2020　in 南砺　分科会：「子どもからの発信」	18 歳以下の子どもと 20 代のユース 約 45 人	子どもの権利条約ネットワーク、広げよう！子どもの権利条約キャンペーン

実施期間	ヒアリング実施形態	参加者及び人数	実施・協力団体（五十音順）
2020 年 11/21	毎日メディアカフェ 教育シンポジウム「学校って何？」	18 歳以下の小中高校生 5 人	毎日新聞社主催、フリー・ザ・チルドレン・ジャパン協力
2021 年 2/3 ～ 2/18	子ども基本法制定に向けた提言内容に関するオンラインアンケート及びオンラインヒアリング会	18 歳以下の子ども 57 人	フリー・ザ・チルドレン・ジャパン
2021 年 4/18	子どもの権利保障のための国会議員向け院内集会オンライン事前準備会	小学 6 年～高校 3 年生 15 人	フリー・ザ・チルドレン・ジャパン
2021 年 4/22	子どもの権利保障のための提言発表 院内集会	小学 6 年～高校 3 年生 5 人	広げよう！子どもの権利条約キャンペーン
2021 年 6/5 ～ 6/12	院内集会「きいてよ！私たちの声～子どもの権利に関する基本法実現に向けて～」オンライン事前準備会	11 歳～22 歳　23 人	フリー・ザ・チルドレン・ジャパン
2021 年 6/15	院内集会「きいてよ！私たちの声～子どもの権利に関する基本法実現に向けて～」	11 歳～18 歳　16 人	広げよう！子どもの権利条約キャンペーン
2021 年 8/1 ～ 8/15	子ども基本法に関するアンケート	11 歳～18 歳　11 人	フリー・ザ・チルドレン・ジャパン
2021 年 9/24 ～ 10/31	「今こそ『子どもに関する基本法』の制定を！」オンラインアンケート	11 歳～18 歳　11 人	フリー・ザ・チルドレン・ジャパン
2021 年 10/29	内閣官房との意見交換会にむけたオンライン顔合わせ会	9 歳～18 歳　13 人	広げよう！子どもの権利条約キャンペーン
2021 年 11/2	内閣官房こども政策推進体制検討チームとのオンライン意見交換会	9 歳～18 歳　16 人	オルタナティブ・スクールあいち惟の森小学部・中学部、セーブ・ザ・チルドレン・ジャパン、フリー・ザ・チルドレン・ジャパン
2021 年 11/6	子どもの権利条約フォーラム 2021 in かわさき全体会及び準備	18 歳以下の子ども　4 人	フリー・ザ・チルドレン・ジャパン
2021 年 11/7	子どもの権利条約フォーラム 2021 in かわさきでの分科会　子どもと考える子ども庁と子ども基本法	18 歳以下の子ども　9 人	広げよう！子どもの権利条約キャンペーン

実施期間	ヒアリング実施形態	参加者及び人数	実施・協力団体（五十音順）
2021 年 11/1 〜 11/20	OUR RIGHTS PHOTO ACTION（子ども基本法成立を呼びかける SNS を通じた啓発活動）	子ども・若者世代 57 人	フリー・ザ・チルドレン・ジャパン　子どもメンバー企画
2021 年 11/20	日本子どもフォーラム 〜子どもの権利を基盤とした子ども施策の実現に向けて〜	18 歳以下の子ども 4 人	日本財団・日本ユニセフ協会共催、フリー・ザ・チルドレン・ジャパン協力
2021 年 11/20	毎日メディアカフェ教育シンポジウム 2021「大人って何？」	18 歳以下の小中高校生 5 人	毎日新聞社主催、フリー・ザ・チルドレン・ジャパン協力
2021 年 12/1	院内集会「今こそ『子どもに関する基本法』の制定を！子どもとともに」	小学 6 年生　1 人	広げよう！子どもの権利条約キャンペーン
2022 年 1/12	こども家庭庁設置にむけた子どもや若者と野田聖子こども政策担当大臣との意見交換会	子ども・若者世代 23 人	内閣官房「こども家庭庁」設置準備室主催、フリー・ザ・チルドレン・ジャパン他協力
2022 年 1/19	広げよう！子どもの権利条約キャンペーン主催「子どもの権利に関するトークイベント」	子ども・若者世代 15 人	協力：かわさき子どもの権利条約フォーラム子どもグループ、名古屋市児童館留守家庭児童クラブ「きらきらくらぶ」
2022 年 2/10	公明党議員による子どもへのオンラインヒアリング会	8 歳〜17 歳　9 人	かわさき子どもの権利条約フォーラム子どもグループ、セーブ・ザ・チルドレン・ジャパン、フリー・ザ・チルドレン・ジャパン
2022 年 3/28	さいたま市教育委員会委員長への政策提言	さいたま市在住中学生 3 人	フリー・ザ・チルドレン・ジャパン子どもメンバー企画
2022 年 3/28	社民党議員及び役員など関係者による子どもへのオンラインヒアリング会	8 歳〜17 歳　9 人	セーブ・ザ・チルドレン・ジャパン、フリー・ザ・チルドレン・ジャパン
2022 年 4/1	立憲民主党議員による子どもへのヒアリング会（ハイブリッド開催）	8 歳〜17 歳　14 人	セーブ・ザ・チルドレン・ジャパン、フリー・ザ・チルドレン・ジャパン
2022 年 4/1 〜 5/8	子どもの権利に関するアンケート	子ども・若者世代 22 人	フリー・ザ・チルドレン・ジャパン
2022 年 4/30	こども家庭庁に関するシンポジウム	18 歳以下の子ども若者世代 10 人	毎日新聞社主催、フリー・ザ・チルドレン・ジャパン他協力

実施期間	ヒアリング実施形態	参加者及び人数	実施・協力団体（五十音順）
2022 年 7/23	こども基本法制定記念シンポジウム「こどもの視点にたった政策とは」	15 歳～ 20 歳　3 人	日本財団主催、フリー・ザ・チルドレン・ジャパン協力

　表の通り、2020 年 10 月～ 2022 年 7 月までイベントやアンケート等を通じて他団体と連携しながら聞かれた子どもや若者の声を紹介したい。問いごとにまとめると下記の通りとなった。なお、「　」で紹介する声のうち、子どもがアンケートに書いた文章は原文のまま記載したが、音声記録の文字起こしは適宜調整した。

「子どもの権利が守られるようにするためには、国にどんなことを期待しますか」

- 子どもの権利を子どものうちに教えてほしい。
- 子どもに関わるおとな、特に、親（里親含む）、先生、児童養護施設や青少年団体等の職員等に子どもの権利を伝え、子どもの権利を基本とした子どもへの接し方が学べるような研修と、そのための体制づくりをしてほしい。
- 子どもが相談しやすい体制やツールを増やしてほしい（専門家の配置、オン・オフライン様々な媒体を通じて相談できる仕組み）。そして、秘密を必ず守ってほしい。
- 個々が尊重される学校運営や授業をおこなってほしい。
- 学校でもっと子どもの意見を聞いてほしい。
- 生きていくために役に立つ授業をしてほしい（暴力から身を守るための教育、性教育、アプリの使い方、ネットリテラシー、メディアリテラシー、クリティカルシンキングの習得など）。
- それぞれの子どもの特性にあった教育制度にしてほしい（飛び級の導入含め）。
- インクルーシブ教育の実践をしてほしい。
- 通学の安全を守るための体制づくりをしてほしい（通学路でのおとなの見守り、痴漢や不審者対策、満員電車回避など）

- 学校以外の場所で学ぶ子どもの権利擁護と、フリースクールへの支援体制を強化してほしい。
- 不登校という言葉の使用をなくし、学校以外で学ぶ子どもの存在をポジティブに捉えられるような社会づくりをしてほしい。
- 公園での禁止事項が多すぎる。子どもが楽しく安心して遊べる公園（プレーパーク含め）をもっと増やしてほしい。
- 児童養護施設で暮らす子どもへの経済的自立支援を増やしてほしい。
- 外国籍の子どもの教育支援、朝鮮学校への支援をしてほしい。
- 経済的な課題を抱える家庭の子どもへの教育支援を増やしてほしい。（教育格差をなくすための支援）
- 大学の無償化など、大学で学びたい人が誰でも学べるようにしてほしい。海外の大学で学ぶための教育支援を増やしてほしい。
- 通学かばんが重たすぎるので辛い。改善策を考えてほしい。
- ブラック校則と呼ばれる内容を見直したり廃止したりしてほしい。
- いじめられている子どもの声に寄り添ってほしい。いじめや差別が生まれない学校運営と体制づくりをしてほしい。

① 子どもの権利を子どものうちに知りたい！

　国に期待することという問いに対して、圧倒的に多く聞かれた声は、「子どもの権利を子どものうちに教えてほしい」というものであった。これに関連して、「子どもの権利条約は子どものためにあるのに、自分は全然知らなくて苦しい思いをしている。(14歳)」「子どもの権利のことは聞いたことがなく知らなかった。もう子どもではなくなってしまうのに。(17歳)」「子どもの権利条約を授業で学んだ時、途上国の子どもの問題で日本の子どもは権利が守られているから関係ないというような感じを受けた。でも、日本の子どもも権利が守れてないと思う、もっとちゃんと教えてほしい。(16歳)」「学校に変えて欲しいことがあって発言しても、子どもだから

という理由で話しを聞いてもらえない。こういった対応をされると、子ども自身が自分は意見をいっちゃいけないんだと思ってしまう。解決策として、2つ提案したい。1つめは、子どもの権利を子どもにちゃんと学校で教えて欲しい。学生手帳に子どもの権利条約について明記して伝える。そして、先生や学校に対してどのように感じていますか、というアンケートを、定期的に生徒に取ってほしい。それは過去にどこかがとっていて必要だと思った。2つ目はおとなに特に教育現場に携わる方々が、子どもの権利を知る。そして、子どもの意見を聞くような先生となって聞くようにしてほしい。（15歳）」といった実体験とともに提案も聞かれた。

② 学校はもっと子どもの意見を聴いてほしい。違いを尊重してほしい。

　子どもは多くの時間を学校で過ごすことから、学校に関する意見が非常に多くあげられた。その中で多かった意見は「もっと意見を聞いてほしい」であった。例えば、「授業では、先生から教えてもらっているばっかりで、私たち子どもが出した意見は黒板に書かれるだけで、おとなと一緒に考えるという機会がない。子どももおとなも一緒に考えたり、意見を出し合ったりして、一緒に学んでいく学校になると良いと思う。（12歳）」「学校に来れなくなる場合、たいていは小さな『嫌だな』が積み重なって、学校に行きたくなくなると思う。そういったことを子どもといっしょに解決していく、というのがよいと思う。子どもにどうすれば良いかまで聞いて欲しい。（12歳）」「授業では、先生から話を聞くばっかりで、同級生と話しあったり、自分の意見を交流したり、深め合う機会がないので、もっとふえていく授業があるといいと思う。あと、1クラスの人数が少なくなったらいいと思う。（15歳）」などが聞かれた。また、ある中学生からは、「生徒の声を聴かずに怒ってばかりいる先生に対して、もっと子どもの声に耳を傾けてほしいと訴えたが、中学2年生の途中で内申点に響くから諦めざるを得なかった。」と当時の複雑な心境の共有があった。子どもが声をあげることの難しさ

を垣間見た経験であった。

　また、「学校では、同じが良いという教育を受けているので、周りの人と同じようにしなければいけない、とみんなが感じているが、これはおかしいと思う。本当は個々が尊重されるような、学校教育を行ってほしい。まわりの人と同じじゃないといけないという教育を受けていると、差別が助長されたりするのではないか。（15歳）」「私は得意なことと苦手なことの差が激しい。でも、得意なことだったらどんどん意欲的にできるので、その子どもが得意や好きな科目を重点的に学べるような授業のつくりかたがあると良い。（14歳）」といった「違いを尊重してほしい」という声も多く聞かれた。

③ インクルーシブ教育の実践を！

　インクルーシブ教育の実践について強い要望が複数の子どもや若者から聞かれた。13歳の中学生からは、「障害のあるなしにかかわらず、同じ教室で一緒に学ぶことを選びたい子どもは、通常学級で学べるようにしてほしい。社会にはいろいろな人がいるのだから、学校でもいろいろな子どもが一緒に学ぶことができる方が、差別やいじめはなくなると思う。」という意見が聞かれた。「地域によって違いがあるので、障害のある人も学校を自由に選択できる権利を全国で実現してほしい。」と語るのは、大阪在住の全盲の小学生。視覚に障害があるが自宅近くの公立小学校への入学を希望したところ、インクルーシブ教育は全校生徒に意義あるという校長先生の考えから温かく迎え入れられ、今でも楽しく学校生活を過ごしていると経験共有があった。一方で、東京在住の全盲の高校生からは、「今まで普通校に通うという選択肢はなく、盲学校に通っています。でも、自分としては盲学校で学ぶということが、視覚障害者としていいと感じています。だから、選べるようにしたらいい。ただ、都立の盲学校では、普通校に比べて設定されてない教科があるため、学習に差が出てしまうというデメリットがあります。大学進

学についても視覚障害を受け入れているところは少なく、点字に関してまだ対応されてないところが多くあります。だから、もっとインクルーシブ教育が進み、障害者への理解が深まり、障害者も健常者も同じ環境で学べるときが来るといいと思う。」という願いとともに声が聞かれた。

④ 子どもへの暴力をぜったい許さない 社会にするために

　いじめや虐待などを受けたり聞いたりした辛い体験とともに想いを共有する声も聞かれた。乳児院で育ち 3 つ目の里親家庭で暮らす友人を持つ高校 3 年生からは、「里親から差別や虐待的な扱いを受けて友人は今も苦しんでいる。政府は、里親制度を増やそうとしているが、里親家庭で暮らす子どもは必ずしも幸せに生活できているとは限らない。子どもへの暴力をなくすために 3 つ提案したい。①保育士などの資格を持つ人が優先的に里親になる。②里親研修に子どもの権利を基盤とした子育ての仕方を盛込む。③専門職員による里子への 1 対 1 のカウンセリングの実施の徹底を通して、子どもにとって最善の利益を考えた政策・しくみを作ってほしいです。」また、虐待を受けている子どもが自ら通報することはかなり難しいため、「相談できる場所やおとななど、居場所をたくさん作ってほしい。(17 歳)」という声や、「いじめや虐待はその行為を行う加害者側のストレスが原因で起こることが多いと思う。だから、虐待やいじめをする側がなぜそういった行動に出たのかを探り、加害者側へのサポートをすることも必要だと思う。(17 歳)」という被害者だけでなく加害者のケアの重要性に言及する声も多数聞かれた。

⑤ 子ども家庭庁に期待すること

　2022 年 7 月末に日本財団主催のシンポジウムが開催されフリー・ザ・チルドレンのメンバー 3 人が登壇し「子ども家庭庁に期待すること」について発言したので紹介したい。
　1 人目の外国にルーツを持つダラン優那さんは、「子どもの権利

を守るために差別や偏見をなくさなければならない、子ども家庭庁はそのために機能してほしい。」と述べた。ダランさんは自身が学校や塾でいじめを受けたことをシェアし、いじめの構造は複雑で、いじめられた子どもはその辛さを分かっているにも関わらず、自己防衛のためにいじめる側にまわってしまう場合があること、いじめは複数の子どもの人間関係がからみあって連鎖反応で起こる傾向があること、従って、単純に誰が加害者で被害者なのかと言い切れないと語った。受験や人間関係などのストレスやプレッシャーが原因で、子どもはいじめをしてしまう傾向があるため、いじめをなくすためには様々なところにいじめ相談ができる環境をつくることや、子どもには受験勉強だけでなく、興味関心や社会問題にも目を向けさせるような教育をする必要があること、外国にツールを持つ子どもについては、先生などおとな側が子どものバックグラウンドや生活環境をよく理解して寄り添うこと、外国人に対しての差別や偏見はいけないといことを繰り返し子どもに伝えること、特定の加害者のみを探すのではなく、集団全体に働きかけをする必要があること、そして、いじめがなくなったと思っても、常にいじめがいけないと繰り返し伝えることの重要性を訴えた。

2人目の友成勇介さん（20歳）は、自身が脳性麻痺により重度身体障害者のため車いすで生活していることから、障害のある子どもの教育状況と課題を紹介し、本人にとって希望する学びの形を周囲とともに考えインクルーシブ教育がしっかりと実現できるように学校や地域は動いていくべきであると提案した。友成さん自身、小学校では両親の強い働きかけにより自宅近くの公立小学校に通えるようになり、そこでは健常者と障害者が共に学ぶことができる環境があり、相互に理解を深められた貴重な経験だったけれど、中学進学時は支援学級を希望したにも関わらず先生から特別支援学校を強く勧められ何も言えず怖い想いすらしたと語った。「高校進学に当たっては、他に行けるところがないだろうと、初めから諦めて、特別支援学校にいきました。支援学校は大半の生徒にとっては、楽しく

素晴らしいところです。しかし、僕のように普通の高校生と同じように友達を作り、部活動や交流を求める人にとっては辛いものでした。隔離されていると感じました。生徒会長になり、他部門との交流や挨拶活動など考えられるだけ提案しましたが、何も変えられませんでした。ショックだったのは、教科書の代わりに絵本が配られたことです。小学校の時も、まさかの高校でも。さすがにショックで、差別！とも感じました。授業内容も、小、中学校程度の内容ばかりでした。今現在も、僕のようにあきらめ、楽しくない学校生活を送っている人は必ずいます。本人にとって何がベストかを周りも考えて、可能性があれば、普通高校に行く支援してください。進路決定時には、学校や親以外に第三者に相談できる仕組みを作ってください。」と訴えました。

　3人目、なのさん（15歳）は、今までの家庭や学校生活で、子どもとしての自分の意見を受け止めて尊重してくれるおとなばかりだったので、子どもの権利が奪われたと感じたり、子どもの権利を意識して生活したりしてこなかったが、2年前にコロナの感染拡大により、学校が休校したり、部活動が禁止されたりしたことで、自分に関わることなのに何の説明もなく自分の意見を聞かれることもなくただ従うしかなかったことで、疑問が生まれたと話した。「私は部活が大好きで部活動のために通学していたといっても過言ではありませんでしたが、突如、部活動が禁止され悲しく辛い思いをしました。部活動を禁止するという決定に至ったとしても、その意思決定の過程でもし自分の意見を聞いてくれていたら、少しは納得できたかもしれません。また、代替案を提案できたかもしれません。今後同じことがあったら、学校や政府は子どもの声を聴いてから判断してほしい。」と訴えた。

⑥ 子どもの権利をどこで知りましたか。
　知って印象的だったことは何ですか。

　子どもの権利について知っていると答えた子どもや若者（8歳〜20歳）22人に、どこで知ったかと、子どもの権利を知って印象的

だったことは何かを聞いた。

- ・子どもの権利について学校で知った：4人
- ・子どもの権利について親など家族から聞いて知った：3人
- ・子どもの権利について本や資料を読んで知った：5人
- ・子どもの権利についてフリー・ザ・チルドレンなど市民団体を通じて知った：10人

　学校以外で子どもの権利を学んだという回答が多かったが、中には「先生が丁寧に子どもの権利について教えてくれた」という声もあった。子ども条例が制定されている地域に住む子どもからは、「川崎市は子供の権利条例があるので小学生の中学年頃にお便りで知っていました。他の同世代よりも川崎市民は子どもの権利に触れる機会が多いと感じています。（14歳）」「世田谷区在住。子どもの権利の存在は学校で配られたチラシで聞いたようなきがしますが、内容までは学んだことはない。もっと教えて欲しい。（10歳）」といった声があり、学校でパンフレットなどが配布される仕組みはあるが、内容までは授業で学ぶことは少ないようである。

　子どもの権利を知って印象的だったことを聴いたところ、「すごく自分が大切にされていると感じてうれしかった。（8歳）」「子どもの権利があって、助かった子どもも多いだろうなと感じたと同時に、子どもの権利があっても、権利を侵害されている、侵害されたことがたくさんあった大人や子どもが多いことが、子どもとして辛く感じた。（14歳）」「子どもの権利は存在しているけれども、権利がないのと同じ扱いを受けている子どもたちがたくさんいることに気がついた。複雑な気持ちになりました。（16歳）」「少し難しかったが、自分を守るためのものなので、よく理解したいと思った。（14歳）」「子ども権利条約の第34条。性的搾取及び性的虐待から保護するとありますが、日本には「性的同意年齢」というものがありますよね。［…］13歳でその判断がつくのでしょうか。実際に、裁判で同意があったとして無罪になったものもあります。その他、この子どもの権利条約では多国籍も含めた子どもの学ぶ権利が保障さ

れると書かれているのですが、朝鮮高校は高校無償化制度から除外されています。このように、子どもの権利条約の内容はすごく素晴らしいのに実際は生かしきれていないと感じました。私はもっと子どもの権利条約を広め、社会に知っていて当たり前のものとして認識させ、社会的地位を上げることが必要なのだと思います。(15歳)」「虐待を受けた経験があるが、子どもの権利を知るまでは、虐待を受けたのは、自分が悪くて自分に責任があると思っていた。けれど、子どもの権利に『虐待から守られる権利』があることを知って、救われた気がした。自分が悪かったわけじゃないんだ、と思った。(18歳)」「子どもの権利条約には4つの大きな軸があります。どの軸もとても重要ですが私は『参加する権利』が最初に守られるべき軸なのではないかと思います。なぜならこの権利が守られなければ、いくら子ども自身が「守られる権利」や「恐怖にさらされずに生きる権利や育つ権利」があるということを知っていたとしても、「参加する権利」を知らなければ暴力やいじめなどを受けたときに抵抗することができないからです。(中学3年生)」

　子どもの権利を知るとわがままになると考えているおとなは少なからずいるようだが、実際には、わがままとは反対で、権利を知ることで、権利を守られていない他者の存在に気づいたり、安心につながったり、社会問題に気が付き問題に向き合ったり、声を上げていこうという傾向があるということが伺えた。それは次の声においても明白であった。

　「子どもの参加する権利と聞くと、『子どもはわがままになる』と考える人がいますが、子どもが参加する権利を知ることで自分の頭で考えて意見を発することができるようになります。私たち子どもにも話し合いの場に参加させてほしい。賛成かどうか聞くだけではなく、同じテーブルで、話す一人として意見を言わせてほしいです。(中学3年生)」

⑦ 子どもの声を聴くということ

「広げよう！子どもの権利条約キャンペーン」で、子ども基本法や子どもコミッショナー制度の制定を目指し政策提言活動に取り組むなかで提言内容を子どもに伝え意見を聞くという作業を行った。この時、子ども向けの提言づくりを担当した本岡恵さん（子どもの権利条約フォーラム in とうかい）から示唆に富む感想を共有いただいたので紹介したい。

「まず、子どもにやさしいバージョン作りのため目指したのは概要版・簡易版の作成ではなく、提言内容すべてを子どもたちが読めるようにすることでした。はじめは外国人の方にもわかりやすい『やさしい日本語』をイメージしたのですが、回りくどく長文になってしまう。小学生にとって解釈が難しい言葉の程度は？と大人の頭で想像しても答えは出ないので、小学３年生に教えてもらうことにしました。提言の原文と試作した子どもバージョンの２つを準備して、子どもたちには分からない言葉に印をつけ、原文と試作でどちらの表現が解釈しやすいか選んでもらいました。すると、私が思っていた以上に子どもたちは文意がつかめているようでした。たとえば、分かる文言に挙げられたのは〈現状、設置、総合的に、（役割を）果たせる、だれひとり取り残さない〉などです。小学３年生の中でも、かなり理解ができる子どもたちなのかなと感じましたが、子どもたちの『意味が分かる』が十分ではないことも想定しながら、より分かりやすくなるよう工夫をしました。分からない・分かりづらいと答えた〈提言、機関、権利の保障、独立した〉などの文言は、文中や『言葉の説明』の欄を設け解説を加えました。読みやすさの点では、センテンスを短く箇条書きに。文字が小さいと読みづらいという指摘があった点も考慮しました。ひらがなと漢字表記のどちらが読みやすいかと尋ねると、漢字は意味がイメージしやすく、ひらがな表記は読みづらいので漢字表記でルビつきがいい、

ということも分かりました。『子どものみんなにしか分からないことなので教えてほしい』という私の言葉に、子どもたちは丁寧に応えてくれました。大人が何をしようとしているのか、子どもたちに信頼をおいて向き合う大人の姿勢を子どもたちは日常から求めていることが表れているようでした。子どもたちから聴いた事がらについては、必ず活かすこと。個人情報に気をつけて大切に取り扱うことも約束しました。一方的な大人の態度を指摘する子どもたちに、誠意をもって接する大人と、こうした対等のやりとりが受け入れられたのだと思います。」

　日本で活動を開始した 23 年前と比べると、子どもの声に耳を傾け、子どもを権利行使の主体者として捉えてエンパワーしていこうという動きは、日本社会に確実に広がりつつあり、2022 年度は子ども基本法が成立するなど、まさに子ども元年という記念すべき年となった。これを契機に、更に子どもの権利条約に込められた「すべての子どもは生まれながらにして、子どもの権利をもち、一人の人間として尊重されるべき尊い存在である」というメッセージを行政や企業とも連携し、しっかりと体現していきたいと改めて思う。

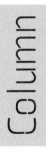
Column

学校現場は
"子ども一人の人権侵害" に
どう向き合ってきたか

「先生、いつまで一人の子どもの被害にこだわっているのですか。一人の子どもの人権問題と、クラスの子どもたち全員の人権とどちらが大切ですか」

こんな発言は、保護者からのありがちな質問である。多くの教師は、この発言の段階で行き詰まってしまう。

いじめにしても不登校にしても虐待にしても、現場教師は、辛い思いをしている子ども一人に真摯に寄り添い、人権救済に乗り出すことができるかどうか、一人の被害児童の人権だけを守るよりもクラス全体、学校全体の子どもたちを守らなければ、という発想である。とくに教育委員会や学校の管理職が陥りやすい発想である。

学校などの子ども集団と常に向き合う教育社会。そこでの子どもの人権侵害問題に直面する学校現場の感覚は、通常の社会感覚とは相当に異なるようだ。こういった学級集団、学校組織優先の発想が支配的な中で、子どもの事故事件が、きちんとした事実解明、原因究明、再発防止がなされずに、同じような事故事件が繰り返されてきた。一人の子どもの人権と、多数の子どもの人権とどちらが大切か、という学校的な感覚自体がそもそもおかしいのではないか。一人の子どもの人権が守れなくて、子ども全員の人権が守れるはずはない。優先したはずの子どもたちの中で、もし新たな人権侵害が発生したら、同じ論理、その子ども一人の人権より他の子どもたちを優先したい、と……。

この悪循環を断ち切るにはどうしたらよいのか。
そのヒントは、長年少年事件に取り組んできた弁護士、坪井節子さんの以下の言葉にあると思う。

「先生が、君たちがどんなにいじめられようと一人ぼっちではない、先生は常に味方になるというようなメッセージを発し、本当にそれを実現してくれたら、子どもたちはどんなに苦しくても頑張れると思います。先生が味方でいてくれると、本当に信じられたら、子どもはやっていけます。しかしこのことは、言うは易し行うは難しで、一人ひとりの子どもに寄り添うことはものすごく大変なことです。……こちらの人生をかけないとならないほど大変なことです」

（坪井節子『いじめをどうとらえ、子どもを救うか』18 ページ、アドバンテージサーバー）

　そこでは教師、教育関係者一人ひとりの人権感覚が問われている。教師という職責上は「ここまで」と割り切らずに、人間として子どもの SOS と向き合うことが大切だ。

　ただし、先生方は一人ではない。

　教師たちが往々にして陥る"背負い込み体質"は克服されるべきだ。子どものSOS に向き合う異種専門職に目を向けてほしい。

　近年、学校内外に子どもの SOS に向き合う専門職が制度化されつつある。

　本書のごとき「子どもコミッショナー」（子どもオンブズパーソンと同義語）のように、子どもの SOS に寄り添う学校外の第三者相談・救済システムが形成されてきている。また、学校内にもいじめや虐待、貧困やヤングケアラー問題等の福祉的支援・心理的支援を行うスクールソーシャルワーカー、スクールカウンセラーが注目されている。

　このような学校内外の子ども支援者と学校教職員が、子どもの最善の利益の立場のもとで、子ども一人ひとりの人権、尊厳に寄り添い、協力しあっていけたら、学校は変わるのではないか。

　そのような学校内外の支援システムとの協働、協力関係を発展させていくための実践的な課題を 3 点指摘しておきたい。

　第一は、学校内外の子どもの意見表明・参加の促進である。子どもたちの声、SOSが支援の要である。子どもからの SOS の土台は、いつも自由に意見表明・参加できる環境、文化的環境である。自分の身を守る、生命・生存のために SOS を発信できる力は、日常生活における意見表明・参加の土壌の中で育つといえる。

　第二は、教師、教育関係者の人権感覚を養うための人権・子どもの権利研修の必要性である。こども基本法が成立し、生徒指導提要が改訂された今日、教師にとって、「子どもの権利条約への理解は必須」（生徒指導提要）となっている。人権・子どもの権利を規制してきた「校則」の見直しを行いつつ、子どもの人権・権利を実現する学校改革が目指されなければならない。

　第三は、異種専門職同士の連携・協働への努力である。他領域の専門家との連携は大変だと思う。とかく多忙な毎日の中で互いの専門性に依存しがちになるだろう。そこでは連携・協働によって新たに形成されてくるであろう「子ども支援」実践、「教育福祉実践」を自覚的に積み上げていくことが大切であろう。

［喜多明人］

おわりに

　「こども基本法」、「こども家庭庁設置法」が第208回通常国会で成立しました。これまで日本の法律形成過程で見向きもされなかったともいえる子どもの権利条約の理念がこども基本法で明記され、こどもに関する施策の総合調整機能を担うこども家庭庁が創設されたことは本当に歓迎すべきことです。今後は、こどもを個人として尊重し、その基本的人権を保障するというこども基本法の理念をいかに実現していくかが課題になるのだと思います。

　日弁連の提言した子どもの権利基本法案では「子ども」は「原則、満18歳に満たない全ての者」をいい、こども基本法の「こども」は、「心身の発達の過程にある者をいう」との違いがありますが、政府によれば、「こども」が大人として円滑な社会生活を送ることができるようになるまでの成長の過程は個人差があるので特定の年齢でくぎってはいないということ、基本的に18歳までの者を念頭においているという国会での答弁がなされています（4月22日衆議院内閣委員会政府参考人答弁より）。

　本書第3章で指摘されているとおり、日本の子どもたちが置かれた状況は、いじめ、虐待、自殺、不登校等にみられるようにさまざまな権利侵害が認められ、子どもの権利が保障されているとはいえない現状にあります。

　こども基本法には、全てのこどもがその年齢及び発達の程度に応じて、自己に（こども基本法では「直接」という言葉が入っています）関係する全ての事項に関して意見を表明する機会が確保されると定められていますが、現在の日本において子どもの意見を表明する機会が確保されているといえるでしょうか。文部科学省の調査によれば、2021年度に30日以上登校せず「不登校」とされた小中学生は、前の年度から24.9％（4万8813人）増え、24万4940人だったとい

うことです。第7章にもあるように、子どもの権利を子どものうちに教えてほしいという子どもの声、学校はもっと子どもの声をきいてほしいという子どもたちの切実な声が背景にあるように思います。

　国連の子どもの権利委員会は、2010年6月、日本に対する第3回総括所見で、「子どもを権利をもつ人間として尊重しない伝統的な見方が、子どもの意見に対する考慮を著しく制約していることを懸念する。」と指摘しました。旭川のいじめ自殺や野田市の児童虐待死の事件などにみられたように、声を上げても大人に聞いてもらえず死んでいった子どもの痛ましい事件が続いています。胸がつぶれる思いがするこのような事件の発生を見過ごしてはいけないと思います。日本で、子どもの声を聴き、子どもの声を大人に伝え、子ども施策に反映させることはそう簡単なことではないと思いますが、死んでいった子どもたちの無念の思いを考えると、どのように具体化していけばいいのかを真剣に考える必要があります。そして、そのことを考えるひとつの手立てが、本書で紹介している子どもコミッショナーの制度、または地方自治体の子どもの相談・救済機関の制度であるのだと思います。

　子どもコミッショナーは単に行政を監視するための機関だと誤解されているようにみえますが、子どもコミッショナーは、条約の実施を監視する役割だけでなく、何よりも子どもの権利を擁護する機関であることを忘れてはならないと思います。

　本書第4章、第5章で紹介している地方自治体の子どもの相談・救済機関のオンブズワーク活動からは、本当に子どものSOSを解決するためには、子どもが安心して話すことのできる場所で、誰の影響も受けずに子ども自身の言葉を聞き、調査をし、必要な場合には、子どもの最善の利益を実現するために大人との間を調整することができる機関が必要だということがわかります。そのためには子どもがアクセスしやすい子どもに身近な常設の機関であり、条例や法律に基づく公の調査権限や調整権限がある公的機関という環境整備が必要です。

また、子どもが相談しやすい環境を確保するためには、子どもの秘密を守ることのできる、学校や、保護者や関係する各機関から独立した機関であることが必要です。子どもたちに配られているある地方自治体の相談・救済機関のカードには、「ひとりでがんばらなくていいんだよ。おはなしきかせてね」という言葉とともに「あなたのひみつはまもるよ」というメッセージが入っています。

　そして、これらの相談・救済機関は、いじめや虐待に特化するのではなく子どもの権利侵害全般について子どもの権利の視点から公正中立に問題を解決する努力を続けています。子どもの最善の利益とは何かを考えながら、必要があれば子どもや保護者に対して厳しく対応することもあります。それができるのは本書でみられるような条例に基づいて設置された地方自治体の子どもの相談・救済機関であり、さらに日本国内のどこに住んでいても子どもがSOSを出すことができるためには、国の政策として地方自治体の子どもの相談・救済機関の設置を進めていくことが必要です。

　また、条例に基づく権限だけでは解決できない法的な問題、国の施策に関わる子どもの問題全般の解決のためには、法律に基づいて設置される国の子どもコミッショナーが必要だと思います。そして地方自治体の相談・救済機関と国の子どもコミッショナーが連携することによって、個別の問題解決を超えて多くの子どもたちの救済につながることになるでしょう。

　15歳未満の人口数が減少し、全人口に対する割合が低下しつつあり、少子化が心配されている日本には、子どもたちを守る制度としての子どもコミッショナーの制度が条例や法律に基づいて設置されることが喫緊の課題だと思うのです。

日本弁護士連合会子どもの権利委員会幹事　一場順子

資料

❖

子ども条例に基づく
子どもの相談・救済機関（公的第三者機関）一覧：
救済機関設置順
（特定非営利活動法人子どもの権利条約総合研究所による調査に基づき作成）

❖

こども基本法

❖

子どもの権利基本法の制定を求める提言
　　別紙　子どもの権利基本法案

子ども条例に基づく子どもの相談・救済機関（公的第三者機関）一覧：救済機関設置順

制定自治体	公布日	条例名称
兵庫県川西市	1998 年 12 月 22 日	川西市子どもの人権オンブズパーソン条例
神奈川県川崎市	2001 年 6 月 29 日	川崎市人権オンブズパーソン条例
埼玉県	2002 年 3 月 29 日	埼玉県子どもの権利擁護委員会条例
岐阜県多治見市	2003 年 9 月 25 日	多治見市子どもの権利に関する条例
秋田県	2006 年 9 月 29 日	秋田県子ども・子育て支援条例
福岡県志免町	2006 年 12 月 20 日	志免町子どもの権利条例
東京都目黒区	2005 年 12 月 1 日	目黒区子ども条例
愛知県豊田市	2007 年 10 月 9 日	豊田市子ども条例
三重県名張市	2006 年 3 月 16 日	名張市子ども条例
北海道札幌市	2008 年 11 月 7 日	札幌市子どもの最善の利益を実現するための権利条例
福岡県筑前町	2008 年 12 月 15 日	筑前町子どもの権利条例
愛知県岩倉市	2008 年 12 月 18 日	岩倉市子ども条例
東京都豊島区	2006 年 3 月 29 日	豊島区子どもの権利に関する条例
愛知県日進市	2009 年 9 月 29 日	日進市未来をつくる子ども条例
福岡県筑紫野市	2010 年 3 月 30 日	筑紫野市子ども条例
愛知県幸田町	2010 年 12 月 22 日	幸田町子どもの権利に関する条例
福岡県宗像市	2012 年 3 月 31 日	宗像市子ども基本条例
北海道北広島市	2012 年 6 月 28 日	北広島市子どもの権利条例
愛知県知立市	2012 年 9 月 28 日	知立市子ども条例
東京都世田谷区	2001 年 12 月 10 日 2012 年 12 月 6 日改正	世田谷区子ども条例
青森県青森市	2012 年 12 月 25 日	青森市子どもの権利条例
長野県松本市	2013 年 3 月 15 日	松本市子どもの権利に関する条例

子どもの相談・救済条項に基づく委員・機関	相談・調査の専門職
川西市子どもの人権オンブズパーソン（3人以上5人以下、任期2年）	調査相談専門員
川崎市人権オンブズパーソン（2人、任期3年）、（子ども専用電話：子どもあんしんダイヤル）	専門調査員
埼玉県子どもの権利擁護委員会（子どもスマイルネット）、委員（3人、任期2年）	調査専門員
多治見市子どもの権利擁護委員（3人以内、任期3年）、多治見市子どもの権利相談室（たじみ子どもサポート）	子どもの権利相談員
秋田県子どもの権利擁護委員会、委員（3人以内、任期2年）	
志免町子どもの権利救済委員（3人、任期3年）、子どもの権利相談室「スキッズ（SK2S）」	子どもの権利相談員
目黒区子どもの権利擁護委員（3人以内、任期2年）、めぐろ　はあと　ねっと（子どもの悩み相談室）	相談員（子ども条例上の規定なし）
豊田市子どもの権利擁護委員（3人以内、任期2年）、とよた子どもの権利相談室（ここことよ）	豊田市子どもの権利相談員
名張市子どもの権利救済委員会、委員（3人以内、任期2年）、名張市子ども相談室	子どもの権利に関する専門的な知識を有する相談指導業務に従事する職員（子ども相談員）
札幌市子どもの権利救済委員（2人、任期3年）、札幌市子どもの権利救済機関（子どもアシストセンター）	調査員及び相談員
筑前町子どもの権利救済委員会、救済委員（3人以内、任期3年）、こども未来センター	相談員
岩倉市子どもの権利救済委員（3人以内、任期2年）	
豊島区子どもの権利擁護委員（3人以内＝規則で2名と規定、任期2年）	
日進市子どもの権利擁護委員（3人以内、任期3年）、子どもの相談窓口（もしもしニッシーダイヤル）	
筑紫野市子どもの権利救済委員（3人以内、任期2年）	
幸田町子どもの権利擁護委員会（3人以内、任期2年）	
宗像市子どもの権利救済委員（3人以内、任期2年）、宗像市子ども相談センター（ハッピークローバー）	宗像市子どもの権利相談員
北広島市子どもの権利救済委員会、委員（3人、任期3年）	北広島市子どもの権利相談員
知立市子どもの権利擁護委員会（5人以内、任期2年）	
世田谷区子ども人権擁護委員（3人以内、任期3年）、せたがやホッと子どもサポート（せたホッと）	相談・調査専門員
青森市子どもの権利擁護委員（3人以内、任期3年）、青森市子どもの権利相談センター	調査相談専門員
松本市子どもの権利擁護委員（3人以内、任期2年）、松本市子どもの権利相談室（こころの鈴）	調査相談員（1年以内、4人以内）

制定自治体	公布日	条例名称
北海道士別市	2013 年 2 月 22 日	士別市子どもの権利に関する条例
栃木県市貝町	2013 年 12 月 26 日	市貝町こども権利条例
兵庫県宝塚市	2014 年 6 月 30 日	宝塚市子どもの権利サポート委員会条例
長野県	2014 年 7 月 10 日	長野県の未来を担う子どもの支援に関する条例
栃木県那須塩原市	2014 年 3 月 26 日	那須塩原市子どもの権利条例
神奈川県相模原市	2015 年 3 月 20 日	相模原市子どもの権利条例
三重県東員町	2015 年 6 月 19 日	みんなと一歩ずつ未来に向かっていく東員町子どもの権利条例
北海道芽室町	2006 年 3 月 6 日 2016 年 3 月 28 日改正	芽室町子どもの権利に関する条例
東京都国立市	2016 年 12 月 8 日	国立市総合オンブズマン条例
福岡県川崎町	2017 年 12 月 14 日	川崎町子どもの権利条例
東京都西東京市	2018 年 9 月 19 日	西東京市子ども条例
愛知県名古屋市	2019 年 3 月 27 日	名古屋市子どもの権利擁護委員条例
山梨県甲府市	2020 年 3 月 30 日	甲府市子ども未来応援条例
兵庫県尼崎市	2009 年 12 月 18 日 2021 年 3 月 8 日改正	尼崎市子どもの育ち支援条例
福岡県那珂川市	2021 年 3 月 3 日	那珂川市子どもの権利条例
東京都江戸川区	2021 年 6 月 30 日	江戸川区子どもの権利擁護委員設置条例
東京都中野区	2022 年 3 月 28 日	中野区子どもの権利に関する条例
東京都小金井市	2022 年 3 月 31 日	小金井市子どもオンブズパーソン設置条例
静岡県富士市	2022 年 4 月 1 日	富士市子どもの権利条例
埼玉県北本市	2022 年 3 月 31 日	北本市子どもの権利に関する条例
愛知県瀬戸市	2022 年 9 月 22 日	瀬戸市子どもの権利条例
山梨県	2022 年 3 月 29 日	やまなし子ども条例

子どもの相談・救済条項に基づく委員・機関	相談・調査の専門職
子どもの権利救済委員会、委員（3人、任期3年）	
市貝町こどもの権利擁護委員会（5人以内、任期2年）	
宝塚市子どもの権利サポート委員（5人以内、任期2年）	子どもの権利サポート相談員
長野県子ども支援委員会（5人以内、任期2年）	委員会に、特別の事項を調査審議するため必要があるときは、特別委員を置くことができる。
那須塩原市子どもの権利救済委員会（3人以内、任期2年）	
相模原市子どもの権利救済委員（3人以内、任期2年）、さがみはら子どもの権利相談室（さがみみ）	相模原市子どもの権利相談員
東員町子どもの権利擁護委員（6人以内、任期3年）	
芽室町子どもの権利委員会、委員（3人、任期3年）	
国立市総合オンブズマン（2人、任期3年）、※国立市総合オンブズマンは、国立市子どもの人権オンブズマンの職務を行うと規定している。	子ども相談員
川崎町子どもの権利救済委員（3人以内、任期2年）	子どもの権利相談員
西東京市子どもの権利擁護委員（3人以内、任期3年）、西東京市子ども相談室（ほっとルーム）	相談・調査に関する専門員
名古屋市子どもの権利擁護委員（5人以内、任期2年）、名古屋市子どもの権利相談室「なごもっか」	調査相談員
甲府市子どもの権利擁護委員（3人以内、任期3年）	相談及び調査の専門員
尼崎市子どものための権利擁護委員会　委員（5人以内、任期2年）	委員会に、専門の事項を調査させるため必要があるときは、専門委員を置くことができる。
那珂川市子どもの権利救済委員会、委員（3人以内、任期2年）	
江戸川区子どもの権利擁護委員（9人以内、任期2年）、えどがわ子どもの権利ほっとライン	
中野区子どもの権利救済委員（5人以内、任期2年）、子ども相談室（2022年9月開設）	中野区子どもの権利救済相談・調査専門員
小金井市子どもオンブズパーソン（3人以内、任期3年）、子どもオンブズパーソン相談室（2022年9月開設）	相談・調査専門員
富士市子どもの権利救済委員（3人以内、任期3年）、相談窓口「子どもなんでも相談」	相談員
北本市子どもの権利擁護委員（3人以内、任期2年）	相談員
子どもの権利擁護委員（3人以内、任期3年）	
山梨県子ども支援委員会（5人以内、任期2年）　※2023年4月設置予定	委員会に特別の事項を調査審議するため必要があるときは、特別委員を置くことができます。

子ども条例に基づく子どもの相談・救済組織・体制

制定自治体	公布日	条例名称
北海道奈井江町	2002 年 3 月 26 日	子どもの権利に関する条例
石川県白山市	2006 年 12 月 21 日	白山市子どもの権利に関する条例

子ども条例に基づき子どもの相談・救済機関 (公的第三者機関) の設置を予定している自治体

制定自治体	公布日	条例名称
新潟県新潟市	2021 年 12 月 27 日	新潟市子ども条例

子どもの相談・救済条項に基づく委員・機関
第16条　本条は、子どもがいじめや虐待により子どもの権利を侵害するなどの不利益を被った場合は、切に、迅速に対応し、救済を図るものである。 第2項は、本町の実態に即した具体的な救済組織として、救済委員会を設ける。
第15条　市は、権利の侵害を防ぐため、関係機関及び関係団体と連携を密にするとともに、権利の侵害が、子どもの心身に将来にわたる深刻な影響を及ぼすことを考慮し、だれもが安心して相談し、救済を求めることができるよう、虐待等の予防に努め、権利の侵害から子どもを救済する体制を整備します。

子どもの相談・救済条項に基づく委員・機関
附則　（附属機関の設置に関する検討）　2　市長は、この条例の施行後、第17条第1項に定める体制を構築するにあたり、権利侵害からの救済及び権利の回復を支援するための附属機関の設置について、子どもの権利擁護に関する国の施策の動向及び社会情勢の変化等を勘案し、速やかに検討を加え、その結果に基づいて必要な措置を講ずるものとします。

法律第七十七号（令四・六・二二）

こども基本法

目次

第一章　総則

（目的）

第一条　この法律は、日本国憲法及び児童の権利に関する条約の精神にのっとり、次代の社会を担う全てのこどもが、生涯にわたる人格形成の基礎を築き、自立した個人としてひとしく健やかに成長することができ、心身の状況、置かれている環境等にかかわらず、その権利の擁護が図られ、将来にわたって幸福な生活を送ることができる社会の実現を目指して、社会全体としてこども施策に取り組むことができるよう、こども施策に関し、基本理念を定め、国の責務等を明らかにし、及びこども施策の基本となる事項を定めるとともに、こども政策推進会議を設置すること等により、こども施策を総合的に推進することを目的とする。

（定義）

第二条　この法律において「こども」とは、心身の発達の過程にある者をいう。

2　この法律において「こども施策」とは、次に掲げる施策その他のこどもに関する施策及びこれと一体的に講ずべき施策をいう。

　一　新生児期、乳幼児期、学童期及び思春期の各段階を経て、おとなになるまでの心身の発達の過程を通じて切れ目なく行われるこどもの健やかな成長に対する支援

　二　子育てに伴う喜びを実感できる社会の実現に資するため、就労、結婚、妊娠、出産、育児等の各段階に応じて行われる支援

　三　家庭における養育環境その他のこどもの養育環境の整備

（基本理念）

第三条　こども施策は、次に掲げる事項を基本理念として行われなければならない。

　一　全てのこどもについて、個人として尊重され、その基本的人権が保障されるとともに、差別的取扱いを受けることがないようにすること。

　二　全てのこどもについて、適切に養育されること、その生活を保障されること、愛され保護されること、その健やかな成長及び発達並びにその自立が図られることその他の福祉に係る権利が等しく保障されるとともに、教育基本法（平成十八年法律第百二十号）の精神にのっとり教育を受ける機会が等しく与えられること。

　三　全てのこどもについて、その年齢及び発達の程度に応じて、自己に直接関係する全ての事項に関して意見を表明する機会及び多様な社会的活動に参画する機会が確保さ

れること。

四　全てのこどもについて、その年齢及び発達の程度に応じて、その意見が尊重され、その最善の利益が優先して考慮されること。

五　こどもの養育については、家庭を基本として行われ、父母その他の保護者が第一義的責任を有するとの認識の下、これらの者に対してこどもの養育に関し十分な支援を行うとともに、家庭での養育が困難なこどもにはできる限り家庭と同様の養育環境を確保することにより、こどもが心身ともに健やかに育成されるようにすること。

六　家庭や子育てに夢を持ち、子育てに伴う喜びを実感できる社会環境を整備すること。

（国の責務）

第四条　国は、前条の基本理念（以下単に「基本理念」という。）にのっとり、こども施策を総合的に策定し、及び実施する責務を有する。

（地方公共団体の責務）

第五条　地方公共団体は、基本理念にのっとり、こども施策に関し、国及び他の地方公共団体との連携を図りつつ、その区域内におけるこどもの状況に応じた施策を策定し、及び実施する責務を有する。

（事業主の努力）

第六条　事業主は、基本理念にのっとり、その雇用する労働者の職業生活及び家庭生活の充実が図られるよう、必要な雇用環境の整備に努めるものとする。

（国民の努力）

第七条　国民は、基本理念にのっとり、こども施策について関心と理解を深めるとともに、国又は地方公共団体が実施するこども施策に協力するよう努めるものとする。

（年次報告）

第八条　政府は、毎年、国会に、我が国におけるこどもをめぐる状況及び政府が講じたこども施策の実施の状況に関する報告を提出するとともに、これを公表しなければならない。

2　前項の報告は、次に掲げる事項を含むものでなければならない。

一　少子化社会対策基本法（平成十五年法律第百三十三号）第九条第一項に規定する少子化の状況及び少子化に対処するために講じた施策の概況

二　子ども・若者育成支援推進法（平成二十一年法律第七十一号）第六条第一項に規定する我が国における子ども・若者の状況及び政府が講じた子ども・若者育成支援施策の実施の状況

三　子どもの貧困対策の推進に関する法律（平成二十五年法律第六十四号）第七条第一項に規定する子どもの貧困の状況及び子どもの貧困対策の実施の状況

第二章　基本的施策

（こども施策に関する大綱）

第九条　政府は、こども施策を総合的に推進するため、こども施策に関する大綱（以下

「こども大綱」という。）を定めなければならない。

2　こども大綱は、次に掲げる事項について定めるものとする。

　一　こども施策に関する基本的な方針

　二　こども施策に関する重要事項

　三　前二号に掲げるもののほか、こども施策を推進するために必要な事項

3　こども大綱は、次に掲げる事項を含むものでなければならない。

　一　少子化社会対策基本法第七条第一項に規定する総合的かつ長期的な少子化に対処するための施策

　二　子ども・若者育成支援推進法第八条第二項各号に掲げる事項

　三　子どもの貧困対策の推進に関する法律第八条第二項各号に掲げる事項

4　こども大綱に定めるこども施策については、原則として、当該こども施策の具体的な目標及びその達成の期間を定めるものとする。

5　内閣総理大臣は、こども大綱の案につき閣議の決定を求めなければならない。

6　内閣総理大臣は、前項の規定による閣議の決定があったときは、遅滞なく、こども大綱を公表しなければならない。

7　前二項の規定は、こども大綱の変更について準用する。

　（都道府県こども計画等）

第十条　都道府県は、こども大綱を勘案して、当該都道府県におけるこども施策についての計画（以下この条において「都道府県こども計画」という。）を定めるよう努めるものとする。

2　市町村は、こども大綱（都道府県こども計画が定められているときは、こども大綱及び都道府県こども計画）を勘案して、当該市町村におけるこども施策についての計画（以下この条において「市町村こども計画」という。）を定めるよう努めるものとする。

3　都道府県又は市町村は、都道府県こども計画又は市町村こども計画を定め、又は変更したときは、遅滞なく、これを公表しなければならない。

4　都道府県こども計画は、子ども・若者育成支援推進法第九条第一項に規定する都道府県子ども・若者計画、子どもの貧困対策の推進に関する法律第九条第一項に規定する都道府県計画その他法令の規定により都道府県が作成する計画であってこども施策に関する事項を定めるものと一体のものとして作成することができる。

5　市町村こども計画は、子ども・若者育成支援推進法第九条第二項に規定する市町村子ども・若者計画、子どもの貧困対策の推進に関する法律第九条第二項に規定する市町村計画その他法令の規定により市町村が作成する計画であってこども施策に関する事項を定めるものと一体のものとして作成することができる。

　（こども施策に対するこども等の意見の反映）

第十一条　国及び地方公共団体は、こども施策を策定し、実施し、及び評価するに当たっては、当該こども施策の対象となるこども又はこどもを養育する者その他の関係者の意

見を反映させるために必要な措置を講ずるものとする。

（こども施策に係る支援の総合的かつ一体的な提供のための体制の整備等）

第十二条　国は、こども施策に係る支援が、支援を必要とする事由、支援を行う関係機関、支援の対象となる者の年齢又は居住する地域等にかかわらず、切れ目なく行われるようにするため、当該支援を総合的かつ一体的に行う体制の整備その他の必要な措置を講ずるものとする。

（関係者相互の有機的な連携の確保等）

第十三条　国は、こども施策が適正かつ円滑に行われるよう、医療、保健、福祉、教育、療育等に関する業務を行う関係機関相互の有機的な連携の確保に努めなければならない。

2　都道府県及び市町村は、こども施策が適正かつ円滑に行われるよう、前項に規定する業務を行う関係機関及び地域においてこどもに関する支援を行う民間団体相互の有機的な連携の確保に努めなければならない。

3　都道府県又は市町村は、前項の有機的な連携の確保に資するため、こども施策に係る事務の実施に係る協議及び連絡調整を行うための協議会を組織することができる。

4　前項の協議会は、第二項の関係機関及び民間団体その他の都道府県又は市町村が必要と認める者をもって構成する。

第十四条　国は、前条第一項の有機的な連携の確保に資するため、個人情報の適正な取扱いを確保しつつ、同項の関係機関が行うこどもに関する支援に資する情報の共有を促進するための情報通信技術の活用その他の必要な措置を講ずるものとする。

2　都道府県及び市町村は、前条第二項の有機的な連携の確保に資するため、個人情報の適正な取扱いを確保しつつ、同項の関係機関及び民間団体が行うこどもに関する支援に資する情報の共有を促進するための情報通信技術の活用その他の必要な措置を講ずるよう努めるものとする。

（この法律及び児童の権利に関する条約の趣旨及び内容についての周知）

第十五条　国は、この法律及び児童の権利に関する条約の趣旨及び内容について、広報活動等を通じて国民に周知を図り、その理解を得るよう努めるものとする。

（こども施策の充実及び財政上の措置等）

第十六条　政府は、こども大綱の定めるところにより、こども施策の幅広い展開その他のこども施策の一層の充実を図るとともに、その実施に必要な財政上の措置その他の措置を講ずるよう努めなければならない。

　　　　第三章　こども政策推進会議

（設置及び所掌事務等）

第十七条　こども家庭庁に、特別の機関として、こども政策推進会議（以下「会議」という。）を置く。

2　会議は、次に掲げる事務をつかさどる。

一　こども大綱の案を作成すること。

　二　前号に掲げるもののほか、こども施策に関する重要事項について審議し、及びこども施策の実施を推進すること。

　三　こども施策について必要な関係行政機関相互の調整をすること。

　四　前三号に掲げるもののほか、他の法令の規定により会議に属させられた事務

3　会議は、前項の規定によりこども大綱の案を作成するに当たり、こども及びこどもを養育する者、学識経験者、地域においてこどもに関する支援を行う民間団体その他の関係者の意見を反映させるために必要な措置を講ずるものとする。

　（組織等）

第十八条　会議は、会長及び委員をもって組織する。

2　会長は、内閣総理大臣をもって充てる。

3　委員は、次に掲げる者をもって充てる。

　一　内閣府設置法（平成十一年法律第八十九号）第九条第一項に規定する特命担当大臣であって、同項の規定により命を受けて同法第十一条の三に規定する事務を掌理するもの

　二　会長及び前号に掲げる者以外の国務大臣のうちから、内閣総理大臣が指定する者

　（資料提出の要求等）

第十九条　会議は、その所掌事務を遂行するために必要があると認めるときは、関係行政機関の長に対し、資料の提出、意見の開陳、説明その他必要な協力を求めることができる。

2　会議は、その所掌事務を遂行するために特に必要があると認めるときは、前項に規定する者以外の者に対しても、必要な協力を依頼することができる。

　（政令への委任）

第二十条　前三条に定めるもののほか、会議の組織及び運営に関し必要な事項は、政令で定める。

　　　　附　則

　（施行期日）

第一条　この法律は、令和五年四月一日から施行する。ただし、次の各号に掲げる規定は、この法律の公布の日又は当該各号に定める法律の公布の日のいずれか遅い日から施行する。

　一　附則第十条の規定　こども家庭庁設置法（令和四年法律第七十五号）

　二　附則第十一条の規定　こども家庭庁設置法の施行に伴う関係法律の整備に関する法律（令和四年法律第七十六号）

　（検討）

第二条　国は、この法律の施行後五年を目途として、この法律の施行の状況及びこども施策の実施の状況を勘案し、こども施策が基本理念にのっとって実施されているかどうか等の観点からその実態を把握し及び公正かつ適切に評価する仕組みの整備その他の基本

理念にのっとったこども施策の一層の推進のために必要な方策について検討を加え、その結果に基づき、法制上の措置その他の必要な措置を講ずるものとする。

　（少子化社会対策基本法の一部改正）

第三条　少子化社会対策基本法の一部を次のように改正する。

　　目次中「第三章　少子化社会対策会議（第十八条・第十九条）」を削る。

　　第七条に次の一項を加える。

　2　こども基本法（令和四年法律第七十七号）第九条第一項の規定により定められた同項のこども大綱のうち前項に規定する総合的かつ長期的な少子化に対処するための施策に係る部分は、同項の規定により定められた大綱とみなす。

　　第九条中「報告書を提出しなければ」を「報告を提出するとともに、これを公表しなければ」に改め、同条に次の一項を加える。

　2　こども基本法第八条第一項の規定による国会への報告及び公表がされたときは、前項の規定による国会への報告及び公表がされたものとみなす。

　　第三章を削る。

　（青少年が安全に安心してインターネットを利用できる環境の整備等に関する法律の一部改正）

第四条　青少年が安全に安心してインターネットを利用できる環境の整備等に関する法律（平成二十年法律第七十九号）の一部を次のように改正する。

　　第八条第一項中「子ども・若者育成支援推進法（平成二十一年法律第七十一号）第二十六条に規定する子ども・若者育成支援推進本部（第三項において「本部」」を「こども基本法（令和四年法律第七十七号）第十七条第一項に規定するこども政策推進会議（第三項において「会議」」に改め、同条第三項中「本部」を「会議」に改める。

　（青少年が安全に安心してインターネットを利用できる環境の整備等に関する法律の一部改正に伴う経過措置）

第五条　次条の規定による改正前の子ども・若者育成支援推進法第二十六条に規定する本部が前条の規定による改正前の青少年が安全に安心してインターネットを利用できる環境の整備等に関する法律第八条第一項の規定により作成した同項の基本計画は、この法律の施行後は、会議が前条の規定による改正後の青少年が安全に安心してインターネットを利用できる環境の整備等に関する法律第八条第一項の規定により作成した同項の基本計画とみなす。

　（子ども・若者育成支援推進法の一部改正）

第六条　子ども・若者育成支援推進法の一部を次のように改正する。

　　目次中「子ども・若者育成支援推進本部（第二十六条－第三十三条）」を「削除」に改める。

　　第一条中「とともに、子ども・若者育成支援推進本部を設置する」を削る。

　　第六条に次の一項を加える。

2　こども基本法（令和四年法律第七十七号）第八条第一項の規定による国会への報告及び公表がされたときは、前項の規定による国会への報告及び公表がされたものとみなす。

第八条第一項中「子ども・若者育成支援推進本部」を「政府」に、「作成しなければ」を「定めなければ」に改め、同条第三項を次のように改める。

3　こども基本法第九条第一項の規定により定められた同項のこども大綱のうち前項各号に掲げる事項に係る部分は、第一項の規定により定められた子ども・若者育成支援推進大綱とみなす。

第九条第一項中「作成する」を「定める」に改め、同条第二項中「作成されて」を「定められて」に、「作成する」を「定める」に改め、同条第三項中「作成した」を「定めた」に改める。

第四章を次のように改める。

　　第四章　削除

第二十六条から第三十三条まで　削除

（子ども・若者育成支援推進法の一部改正に伴う経過措置）

第七条　前条の規定による改正前の子ども・若者育成支援推進法第二十六条に規定する本部が同法第八条第一項の規定により作成した同項の子ども・若者育成支援推進大綱は、この法律の施行後は、政府が前条の規定による改正後の子ども・若者育成支援推進法第八条第一項の規定により定めた同項の子ども・若者育成支援推進大綱とみなす。

（復興庁設置法の一部改正）

第八条　復興庁設置法（平成二十三年法律第百二十五号）の一部を次のように改正する。

附則第三条第一項の表少子化社会対策基本法（平成十五年法律第百三十三号）の項を削る。

（子どもの貧困対策の推進に関する法律の一部改正）

第九条　子どもの貧困対策の推進に関する法律の一部を次のように改正する。

目次中「第三章　子どもの貧困対策会議（第十五条・第十六条）」を削る。

第七条の見出しを「（年次報告）」に改め、同条中「毎年一回」を「毎年、国会に」に改め、「実施の状況」の下に「に関する報告を提出するとともに、これ」を加え、同条に次の一項を加える。

2　こども基本法（令和四年法律第七十七号）第八条第一項の規定による国会への報告及び公表がされたときは、前項の規定による国会への報告及び公表がされたものとみなす。

第八条第三項を次のように改める。

3　こども基本法第九条第一項の規定により定められた同項のこども大綱のうち前項各号に掲げる事項に係る部分は、第一項の規定により定められた大綱とみなす。

第八条第四項及び第五項を削り、同条第六項を同条第四項とする。

　　　第三章を削る。

　　（こども家庭庁設置法の一部改正）

第十条　こども家庭庁設置法の一部を次のように改正する。

　　　第四条第一項第十八号の次に次の一号を加える。

　　　十八の二　こども基本法（令和四年法律第七十七号）第九条第一項に規定するこども
　　　　大綱の策定及び推進に関すること。

　　　第四条第一項第十九号中「第七条」を「第七条第一項」に改め、同項第二十号中「作
　　成」を「策定」に改める。

　　　第八条を次のように改める。

　　　（こども政策推進会議）

第八条　別に法律の定めるところによりこども家庭庁に置かれる特別の機関は、こども
　　政策推進会議とする。

　2　こども政策推進会議については、こども基本法（これに基づく命令を含む。）の定
　　めるところによる。

　　（こども家庭庁設置法の施行に伴う関係法律の整備に関する法律の一部改正）

第十一条　こども家庭庁設置法の施行に伴う関係法律の整備に関する法律の一部を次のよ
　　うに改正する。

　　　第二十四条を次のように改める。

　第二十四条　削除

　　　第二十七条を次のように改める。

　第二十七条　削除

　　　第三十四条を次のように改める。

　第三十四条　削除

　　　第四十六条を削る。

　　　附則第五条から第七条までを次のように改める。

　第五条から第七条まで　削除

　　　附則第九条中「前条まで」を「第四条まで及び前条」に改める。

　　　　　　　　　　　　　　　　　（内閣総理・文部科学・厚生労働大臣署名）

子どもの権利基本法の制定を求める提言

２０２１年（令和３年）９月１７日

日本弁護士連合会

提言の趣旨

1　国に対し，子どもに関する包括的法律として，子どもの権利基本法を制定することを提言する。

2　同法の制定に当たっては，子どもの権利条約の内容を実現すべく，別紙の「子どもの権利基本法案」を参酌されたい。

提言の理由

第1　子どもの権利基本法を制定する必要性

1　子どもの権利条約の一般原則と一般的意見

全ての人は等しく人権の享有者であり，個人としての尊厳は何者によっても侵されてはならない。この原理は，子どもも例外ではない。

子どもは，人としてこの世に誕生したその瞬間から，成長発達し続ける存在である。子どもは，今と未来に生きる存在として，健やかに成長する権利を有している。

しかし，子どもは，いまだ未成熟で成長発達の過程にあるがゆえに，大人の保護と支援を必要とする。また，人権侵害を受けやすく，選挙権を有しない子どもは，国・地方公共団体の施策や社会の在り様についてその意見を反映させることが困難である。そこで，子どもの基本的人権を保障するためには，特別な配慮が必要となる。

かかる子どもの人権保障の特質に鑑み，１９８９年，国際連合（以下「国連」という。）で，子どもの権利条約（以下「条約」という。）が採択された。

条約は様々な子どもの権利とその実施のための措置について定めているところ，その実施をモニターする国連子どもの権利委員会（以下「委員会」という。）は，これらのうち，①差別の禁止（条約第２条），②子どもの最善の利益の考慮（条約第３条第１項），③生命・生存・発達の保障（条約第６条），④子どもの意見の尊重（条約第１２条）を一般原則として指摘している[1]。

そして，この条約は，締約国に対して，条約によって認められている子どもの権利の実現のためにとった措置と，進歩の状況についての定期的な報告を求

---

[1] 委員会　一般的意見５号パラグラフ１２（一般的意見は平野裕二氏訳による。）

めている[2]。委員会は政府報告を審査し，締約国政府に対して総括所見を採択して必要な措置を勧告する。その上で委員会は，各国の審査及びこれに基づく総括所見を踏まえた条約の条項の解釈指針となる一般的意見を採択している[3]。条約は，この一般的意見を取り込むことにより，更に豊かな法規範として発展していると言える。

2　我が国における条約の実施が不十分であること

　我が国は，１９９４年にこの条約を批准した。条約批准から２５年以上経過したが，いまだ条約に規定された子どもの権利が実現されているとは言えず，条約の実施は不十分である。日本政府は，子どもの権利が憲法を始めとする国内法制によって保障されていることから，条約の批准に当たっては，現行国内法令の改正又は新たな国内立法措置は行っていないと表明している[4]。しかし，現状を見ると，児童相談所の年間の児童虐待相談対応件数は，児童虐待防止法施行前の２０００年度（１７，７２５件）に比べ，２０１９年度は１９３，７８０件，２０２０年度は２０５，０２９件（ともに速報値）となって，１１倍を超えている[5]。児童虐待により命を落とす子どもの数は毎年５０人前後で推移し，少しも減ることはなく[6]，痛ましい事件の報道が続いている。また，小・中・高校生の自殺者数は毎年３００人前後で推移し[7]，２０２０年度には自殺者数が過去最高の４９９人となっており，いじめによって自殺に追い込まれる子どもの悲劇も絶えず報じられている。また，学校における体罰発生件数は，２０１２年度に６，７２１件に上っており[8]，２０１９年度においても６８５件となっており，いまだに学校における体罰もなくならない[9]。また，子どもの相対的貧困率は高いままであり，特にひとり親家庭においては，およそ２世帯に１世帯

---

[2] 条約第４４条第１項　締約国は，（a）当該締約国についてこの条約が効力を生ずる時から２年以内に，（b）その後は５年ごとに，この条約において認められる権利の実現のためにとった措置及びこれらの権利の享受についてもたらされた進歩に関する報告を国際連合事務総長を通じて委員会に提出することを約束する。

[3] ２０２１年８月までに，２５の一般的意見が採択されている。

[4] 第１回日本政府報告書パラグラフ１２及び文部事務次官「『児童の権利に関する条約』について（通知）」（文初高第１４９号，平成６年５月２０日）

[5] 厚生労働省「児童相談所での児童虐待相談対応件数」

[6] 厚生労働省「子ども虐待による死亡事例等の検証結果等について」（第１次〜第１７次報告）のうち心中以外の虐待死亡事例件数。

[7] 厚生労働省「自殺の統計：地域における自殺の基礎資料」

[8] 文部科学省「体罰に係る実態把握の結果（第２次報告）」。２０１２年１２月に大阪市立高校の生徒が部活動での顧問教諭による体罰を苦にして自殺した事件が発生したことを受けて，翌月文部科学省が，各都道府県・指定都市教育委員会等に対して体罰の実態調査を依頼した。

[9] 文部科学省「体罰の実態把握について（令和元年度）」

が相対的な貧困の生活水準におかれているなど[10]，子どもの成長発達が脅かされている状況にある。児童虐待やいじめ，子どもの貧困対策に関する立法措置等がとられているものの，現状が改善されていない背景には，我が国においては，子どもを一人の尊厳ある権利主体として尊重することが社会全体の共通認識となっておらず，子どもの権利主体性を踏まえた対策が講じられていないことにある。委員会は，政府報告書審査に基づき，総括所見において状況改善を促してきたが，日本政府の対応は必ずしも十分なものとは評価できない[11]。

　行政府の対応が不十分である現状においては，司法による条約の実現が強く期待されるところであるが，行政府においてのみならず裁判所においても十分に法規範として機能していない。条約の遵守義務（憲法第９８条第２項）にもかかわらず，我が国の裁判の判決書では，条約の条文が引用されることはあっても，裁判規範として直接適用されることはほとんどないのが実情である。我が国において，子どもの権利条約を直接適用して判断した裁判例は存在しない。また，欧州人権裁判所，米州人権裁判所及びアフリカ人権裁判所のような，国際的な人権裁判所がアジア地域に存在しないため，国際的司法機関による救済も望めない。

3　多くの国内法において子どもが権利の主体であることが明記されていないこと

　日本には，既に子どもに関する多くの法律がある。特に司法，福祉及び教育の各分野において，少年法，児童福祉法，児童虐待の防止等に関する法律，教育基本法及び学校教育法を中心に，これまで長年にわたり運用されてきた実績がある。

　しかるに，これまでこれらの法律の中には子どもが権利の主体であることが明記されておらず，ようやく２０１６年の児童福祉法改正により「全て児童は，児童の権利に関する条約の精神にのつとり，適切に養育されること，その生活を保障されること，愛され，保護されること，その心身の健やかな成長及び発達並びにその自立が図られることその他の福祉を等しく保障される権利を有する。」（第１条）と明示された。これらの子どもに関わる法律に条約の理念を反映させるためには，前述した条約の４つある一般原則を子どもの権利基本法と

---

[10] 厚生労働省「２０１９年　国民生活基礎調査の概況」
[11] 第３回総括所見パラグラフ７では，第２回総括所見で示された「懸念及び勧告の多くについて，完全には実施されてない，あるいは，全く対処がなされていないことを遺憾に思う。委員会は，本文書において，これらの懸念と勧告を繰り返す。」とされている。

して規定し，様々な子どもに関する日本の法律の解釈規範とする必要がある[12]。

4　子どもの権利の実施機関，政策調整機関が存在しないこと

　　我が国では，子どもの権利を実現するための実施機関が整備されておらず，委員会はこれまで4回にわたり，子どもの権利に関する政策の実施に関係している部門横断的に並びに国，広域行政圏及び地方のレベルで行われるための明確な任務及び十分な権限を有する適切な調整機関の設立を勧告してきた[13]。子どもの問題を所管する国家機関としては法務省，文部科学省，厚生労働省等があるが，真に子どもの権利を実現するためには，これら関係機関の連携を図り，政策を調整するための機関が必須である。

　　さらに，子どものためのオンブズパーソンが任命されている地方公共団体は一部にあるものの，国レベルにおいて条約の実施を監視するための独立した機関が設置されていないことに委員会は懸念を示しており，国レベルの子どもの人権委員会の設置を勧告している[14]。

5　子どもの権利基本法の必要性

　　上記のとおり，条約を国内で効果的に実施し，そのことを通じて日本の子どもの権利状況を改善するためには，条約の内容を我が国に適合した形で実現するための子どもに関する包括的法律として，子どもの権利基本法（以下「基本法」という。）を制定する必要がある。第4回・第5回委員会総括所見（パラグラフ

---

[12] 子ども・若者育成支援推進法，子どもの貧困対策の推進に関する法律，成育過程にある者及びその保護者並びに妊産婦に対し必要な成育医療等を切れ目なく提供するための施策の総合的な推進に関する法律においても，「児童の権利に関する条約の理念にのっとり」又は「児童の権利に関する条約の精神にのっとり」と明示され目的や基本理念として条約に言及されたが，正面から子どもを権利の主体として定めた法律は存在しない。

[13] 第4回・第5回総括所見パラグラフ9　委員会は，締約国が，分野横断的に，国，地域及び地方レベルで行われている本条約の実施に関連する全ての活動を調整するための明確な任務及び十分な権限を有する適切な調整機関，また，全ての児童及び本条約の全ての分野を対象とする評価及び監視のためのメカニズムを設置するよう要請する旨の前回の勧告（ＣＲＣ／Ｃ／ＪＰＮ／ＣＯ／3，パラ14）を改めて表明する。締約国は，当該調整機関に対し，その効果的な運営のために必要な人的資源，技術的資源及び財源が提供されることを確保すべきである。

[14] 第4回・第5回総括所見パラグラフ12　地方自治レベルで児童のための33のオンブズパーソン機関が設置されていることに留意する一方で，これらの機関には財政及び人的資源に関する独立性や救済メカニズムが欠けていると報告されている。委員会は，締約国が以下の措置をとるよう勧告する。

（a）児童による申立てを児童に配慮した方法で受理，調査，及び対応することが可能な，児童の権利を監視するための具体的メカニズムを含む人権監視のための独立したメカニズムを迅速に設置すること。

（b）人権の促進・保護のための国内機関の地位に関する原則（パリ原則）の完全なる遵守が確保されるよう，資金，任務及び免責との関連も含め，当該監視メカニズムの独立性を確保すること。

　　7）において，日本政府に対して子どもの権利に関する包括的法律を採択するよう，強く勧告していることにも沿うものである[15]。このことは，２０１５年９月２５日第７０回国連総会で採択された，「我々の世界を変革する：持続可能な開発のための２０３０アジェンダ」（ＳＤＧｓ）において，子どもを「変化のための重要な主体」と位置付け[16]，「誰一人取り残さない」社会を目標としていることにも合致する。

第２　子どもの権利基本法の内容
１　子どもの権利基本法案について

　　子どもの権利が国内法において明確に規定されていない現状に加え，子どもの権利に関する我が国の法意識，国内諸制度，国内法体系に照らすと，基本法には次のような内容を規定するべきである。

　　まず，条約の４つある一般原則，すなわち，①差別の禁止（条約第２条），②子どもの最善の利益の考慮（条約第３条第１項），③生命・生存・発達の保障（条約第６条），④子どもの意見の尊重（条約第１２条）を明示し，その国内における具体的な実現を目指すものでなければならない。

　　また，これらの権利をあまねく実現するために，基本法は以下の６つの役割を持つものでなければならない。

　　第１は，条約の効果的な国内実施法としての役割である。基本法は，子どもの意見の尊重，差別の禁止，最善の利益の確保，生命・生存・発達の保障という条約の理念と原則を国内法として規定し，立法，行政，司法等のあらゆる分野において，条約の効果的な実施を進める根拠法でなければならない。

　　第２は，子どもに関係する全ての法令の指導規範として，子どもに関する国内法制の整備を促進するものでなければならない。司法，福祉，教育の各分野における関係法令の法改正や立法を，条約の理念と原則に照らして行い，子どもの権利の保障と拡大を図る根拠法でなければならない。

　　第３は，子どもの手続的権利を保障する制度を創設する根拠法でなければならない。また，子どもに関する社会のあらゆる場面における子どもの参画を促進する根拠法でなければならない。条約第１２条は，子どもに，自己に影響を及ぼすあらゆる問題に関して意見を表明し，参画し，また意見を聴取され，そ

---

[15] 第４回・第５回総括所見パラグラフ７　締約国から提供された様々な法改正に関する情報に留意しつつ，委員会は，締約国が，児童の権利に関する包括的な法律を採択し，また既存の法令を本条約の原則及び規定と完全に調和させるための措置をとるよう，強く勧告する。
[16] 「我々の世界を変革する：持続可能な開発のための２０３０アジェンダ」パラグラフ５１

れが尊重される権利を認めているが，我が国においては，その制度的保障が極めて不十分である。

　第4は，国及び地方公共団体において，子どもの権利保障を総合的かつ効果的に実施するための施策の策定，組織の整備のための根拠法でなければならない。

　第5は，子どもの権利救済制度の創設のための根拠法でなければならない。個別的な権利救済と，立法・政策提言を含めた権限を有する権利救済機関が求められている。

　第6は，国や地方公共団体と子どもに関わるNGOとの連携，協働を促進するものでなくてはならない。

　以上から，条約の国内実施を飛躍的に促進させるため，当連合会は，国に対し，条約の4つある一般原則をうたい，6つの役割を包含する基本法の制定を提言するものである。

2　その他の検討事項

　今回提言している基本法は，条約の原則及び理念を明記して我が国の子どもに関する法律や施策等の指針となるべく規定するものであって，条約に規定された全ての子どもの権利を列挙するものではない。しかしながら，本提言で提案する基本法に列挙されていない子どもの権利も，同様に保障がなされるべきことは言うまでもなく，子どもの権利に関する法律や施策等の検討において指針とされなければならない。

　なお，近時，政党等の政策提言において，子どもの権利に関する法律の制定，もしくは，子どもの問題を総合的に調整する組織の創設を提案することが検討されているとの報道がある。それは，基本法案第4章以下の総合調整機関ともなり得る可能性があるが，仮に，今後，基本法の内容とは異なる組織形態や制度設計が具体的に検討されることになった場合においては，本提言の趣旨，すなわち，子どもの権利の保障が形式的のみならず実質的にも適う組織や制度となっているのかの視点から採否が判断されるべきである。

　また，基本法案第5章の子どもの権利擁護委員会に関しては，国家から独立した組織であることが肝要であり，国内人権機関が創設された場合には，同機関の一部会として子どもの権利を取り扱う部会が設置される場合もあり得るが，先んじて子どもの権利擁護委員会として創設されることも認められるものである。

　当連合会では，条約の名称について，通称である「子どもの権利条約」を使

用してきており，本法案においても，児童の権利基本法ではなく「子どもの権利基本法」とした。本文及び脚注において引用されている条約及び委員会の総括所見は政府訳に拠ったので「児童」と訳しているが，委員会の一般的意見は平野裕二氏（ＡＲＣ代表）の訳に拠った[17]ので「子ども」としている。

第3　最後に

　子どもを一人の尊厳ある権利主体として尊重することは，残念ながら社会全体の共通認識となっておらず子どもの権利主体性を踏まえた対策が取られていないことは上述したとおりである。よって，条約の理念が行政府のみならず司法においても法規範として十分機能するとともに，我々市民社会における行為規範としても根付くことを目的として基本法の制定を提言するものである。

---

[17] 「ＡＲＣ　平野裕二の子どもの権利・国際情報サイト」http://www26.atwiki.jp/childrights/

子どもの権利基本法案

前文

　子どもは、人としてこの世に誕生した瞬間から、学び、成長し、発達し続ける存在であり、基本的人権の全面的享有主体であって、個人としてその尊厳は等しく尊重される。子どもは、今を生きる存在であるとともに、人類の未来そのものである。子どもは、今と未来を生きる存在として、幸福な生活を送る権利を有する。

　一方、子どもは、大人に保護されなければ時に生存そのものが脅かされ、自立できるようになるまでは大人の支援を必要とする特別な存在である。そのために、子ども固有の権利もまた保障されなければならない。

　この大人の子どもに対する保護と支援については、子どもの権利に基盤を置き、子どもの意見表明を基礎に、子どもの最善の利益が図られなければならない。また、子どもの成長と発達の過程においてその成熟に応じてその意見が尊重され、社会参画を含めたあらゆる場面での参加が保障されなければならない。

　子どもは、基本的人権の享有主体であり、その固有性を踏まえた権利保障を必要としており、子どもには、等しく幸福な子ども時代を送り、成長し発達する権利がある。それゆえ、多年にわたる世界の国々の熱意と努力の果てに、１９８９年、国際連合で子どもの権利条約が採択された。我が国において子どもの権利を保障するためには、子どもの権利条約の理念とその全ての条項が、立法、行政、司法及び社会生活の隅々にまで浸透しなければならない。また、条約の理念に基づいて、子どもの権利の内実がより一層内容豊かなものとして日々発展し続けなければならない。

　子どもの権利条約（Convention on the Rights of the Child, 政府訳：児童の権利に関する条約）に基づき、全ての子どもが差別されることなく、命と尊厳が守られ、その豊かな成長発達を保障されるとともに、子どもの意見を尊重し、その最善の利益を優先して、子どもの権利を我が国で完全に実現させるため、本法を定める。

第1章　子どもの権利

（目的）
第1条　子どもは、かけがえのない一人の人間として尊重され、その成長に応じた
　　保護と支援を受けられるとともに、権利を行使する主体として、その権利が保障
　　されなければならない。この法律は、子どもの権利条約を我が国において実施す
　　ることにより、かかる子どもの権利の保障を促進することを目的とする。

趣旨説明（子どもの権利条約第4条，憲法第12条，第13条，第98条）
　　憲法第12条・第13条を踏まえて，子どもも一人の人間として基本的人権の享
有主体であり，個人として尊重されるべきであることを明記するとともに，子ども
がその誕生のときから，学び，成長し，発達し続ける存在であるために，保護され
支援を受ける権利を有することを定めるものである。子どもが保護・支援の対象だ
けではなく，権利行使の主体であることを確認し，成長発達の過程にある子どもの
特質を踏まえ，子どもの権利条約（以下「条約」という。）を実施することにより，
子どもの権利の保障を促進することを子どもの権利基本法（以下「基本法」という。）
の目的とした。
　　なお，憲法第98条は，憲法が国の最高法規であることを定めるとともに，その
第2項で，我が国が締結した条約及び確立された国際法規を誠実に遵守することが
必要であるとしている。また，条約第4条は，条約において認められる権利の実現
のため，締約国に全ての適当な立法措置，行政措置，その他の措置を講じる義務を
課している。

（定義）
第2条　この法律で「子ども」とは、満18歳に満たない全ての者をいう。
2　前項の規定にかかわらず、個別の法令が子どもの権利を保障する趣旨又は目的
　　に基づき満18歳を超えた者も対象としている場合は、当該法令の適用におい
　　て、その対象となる年齢の者についても、この法律を適用する。
3　この法律で「保護者」とは、子どもに対して法律上監護教育の義務ある者及び
　　子どもを現に監護する者をいう。

趣旨説明（条約第1条）
　　条約第1条は，適用対象年齢を18歳未満としており，条約を国内法として効力
を及ぼすことを目的とする本法においても，「子ども」の定義は，これに従うこと

した。

　他方で，条約は，この条約のいかなる規定も，締約国の法律又は締約国について効力を有する国際法であって子どもの権利の実現に一層貢献するものに影響を及ぼすものではないと規定しており（条約第４１条）[1]，第２項において，個別の法令において，その趣旨又は目的から対象年齢について満１８歳を超えた者も定めている場合は，当該法令の適用において，その年齢に達するまでの者についても，この本法を適用することを明らかにした。例えば，少年法は２０歳未満の者を少年としており[2]，飲酒，喫煙，公営ギャンブルの禁止年齢については，民法の成年年齢引下げにもかかわらず，２０歳を維持する旨の改正が予定されており[3]，「個別の法令」に該当する。また，児童福祉法は，児童養護施設等の措置の延長を満２０歳に達するまで認め（同法第３１条第２項），また，児童自立生活援助（自立援助ホームの入所等）の対象者を満２０歳未満義務教育終了児童等まで認めた上で（同法第６条の３第１項，同法第３３条の６），通知[4]において，２２歳に達する日の属する年度の末日までの間にある者を施設等において居住の場を提供する等の支援の対象としており，これらも「個別の法令」に該当する。

　また，保護者については，条約では， his or her parents, legal guardians, or other individuals legally responsible for him or her（第３条）の記載があり，父母若しくは法定保護者又は児童について法的に責任を有する他の者と訳されている。この「保護者」をどう定義するかが問題となるが，児童福祉法は，「第１９条の３，第５７条の３第２項，第５７条の３の３第２項及び第５７条の４第２項を除き，親権を行う者，未成年後見人その他の者で，児童を現に監護する者をいう」とし（第６条），少年法は，「少年に対して法律上監護教育の義務ある者及び少年を現に監護する者をいう」としている（第２条第２項）。第３項において，保護者の定義は，少年法の定義に一致させた。

---

[1] さらに，「少年司法における子どもの権利一般的意見１０号」では，「委員会は，一部の締約国が，・・・少年司法の諸規則を１８歳以上の者に対して（通常は２１歳まで）適用することを認めていることについて，評価の意とともに留意するものである。」（パラグラフ３８）とし，「子ども司法制度における子どもの権利についての一般的意見２４号」では，「委員会は，一般的規則としてまたは例外としてのいずれであるかにかかわらず，１８歳以上の者に対する子ども司法制度の適用を認めている締約国を称賛する。このアプローチは，脳の発達は２０代前半まで続くことを示す発達学上および神経科学上のエビデンスにのっとったものである。」（パラグラフ３２）としている。
[2] 少年法第２条第１項
[3] 未成年者飲酒禁止法，未成年者喫煙禁止法，競馬法，自転車競技法，小型自動車競走法及びモーターボート競走法
[4] 厚生労働省雇用均等・児童家庭局長「社会的養護自立支援事業等の実施について」（雇児発０３３１第１０号，平成２９年３月３１日），別紙１「社会的養護自立支援事業実施要綱」

> （差別の禁止）
>
> 第3条　子どもは、子ども又はその父母若しくは保護者の人種、皮膚の色、性別、性的指向、性自認、言語、宗教、政治的意見その他の意見、国籍[5]、民族的若しくは社会的出身、財産、障害、出生又は他の地位にかかわらず、差別されない。

趣旨説明（条約第2条）

　条約の4つある一般原則の一つである。

　成長発達のため特別な保護・支援を必要とする子どもの特質に鑑み，子どもの基本的人権としての差別の禁止は，国籍にとらわれず，あらゆる子どもを対象にすることと明記した。子どもが我が国の管轄の下にある限り，国籍の有無にとらわれずに保護支援されることが必要である。

　また，父母若しくは保護者と密接な関係にあり成長発達の過程にある子どもの特質から，子ども本人だけでなく父母若しくは保護者の属性に基づく差別についても禁じられることを確認している。

　子どもの成長発達の保障という視点からみると，消極的な自由にとどまる法の下の平等では不十分であり，経済的地位の格差を埋める施策や，能力による差別を認めず，それぞれの能力の発達の必要に応じた教育を受ける権利を保障する必要がある。

> （最善の利益）
>
> 第4条　子どもに関する全ての活動又は決定をするに当たっては、裁判所、行政機関、立法機関及び公的若しくは私的な社会福祉施設又は学校その他の教育機関のいずれによって行われるものであっても、子どもの最善の利益が主として考慮されなければならない。
>
> 2　保護者は、主として子どもの最善の利益を考慮して養育に当たらなければならない。
>
> 3　最善の利益を考慮するに当たっては、第7条に規定する子どもの意見を尊重しなければならない。

趣旨説明（条約第3条，第18条第1項）

　条約の4つある一般原則の一つであり，子どもの最善の利益を優先して考慮すべ

---

[5] 条約第2条では本条項の対象となる子どもを，管轄の下にある子どもとしているが，合法非合法に入国したかを問わず外国人の子どもも含むと解釈されている。例示として挙げた国民的出身（national origin）という言い方が分かりにくいので国籍とした。

きことは，国・地方公共団体であろうと保護者であろうと，子どもの養育に責任を負う者の指導原理である。本条第１項は，ほぼ，条約第３条第１項の文言と同じである。条約では「社会福祉施設」とされているものを「公的若しくは私的な社会福祉施設又は学校その他の教育機関」と変えたのは，子どもの生活の大半を占める学校における子どもの人権保障が特に重要であるからである。

　子どもの最善の利益を論じる場合，大人が最善の利益の名の下に子どもに大人の考えを強制しがちであることを理由に，子どもの最善の利益をうたうことはかえって子どもの権利の実現を阻むとの批判がある。しかし，子どもの最善の利益とは決して抽象的な概念ではなく，子どもの成長発達を保障するために個々の子どもにとって，その時点，その状況下で，何が最善の利益となるかを具体的に考えるという判断基準である。子どもの年齢，能力，環境等はそれぞれ具体的に異なり，このような客観的事情を考慮しなければ，何が子どもにとって最善の利益と言えるかは判断できない。子どもの最善の利益は動的概念であって所与のものではないという意味で，考慮という言葉を使った[6]。また，最善の利益を考慮するときには，子どもの意見が尊重されるべきという意味で第３項を明示的に規定している。最善の利益を考えるのはあくまでも行政機関や保護者など子どもの成長発達に責任を持つものであり，子どもが主体的に判断するわけではないが，子どもの意見は判断のための重要な要素の一つとなる。

　なお，国際連合子どもの権利委員会（以下「委員会」という。）の一般的意見１４号では，子どもの最善の利益を三層の概念としてとらえており[7]，本条項の解釈に当たってもこれが尊重されるべきである。すなわち，その第１は，自己の最善の利益を評価されかつ第一次的に考慮されるという子どもの実体的権利である。第２は，複数の解釈の余地がある法律における基本的な法的解釈原理である。第３は，子どもに関わる決定が行われるときは，常にその意思決定プロセスにおいて当該決定が当事者である子どもたちに及ぼす可能性のある（肯定的又は否定的な）影響についての評価が含まれなければならないという手続規則である。

（子どもの生命及び成長発達権の保障）
第５条　子どもは、生命に対する固有[8]の権利を有する。
2　子どもは、その生存及び成長発達権を保障される。

---

[6] 子どもの最善の利益は動的な概念であり，常に変化しつつあるさまざまな問題を包含するものである。（委員会　一般的意見１４号パラグラフ１１）
[7] 委員会　一般的意見１４号パラグラフ６
[8] inherent right　内在する，切り離せない，生まれつきのという趣旨。固有の権利は当然に持っている権利であり，他人に譲渡することのできないものである。

> 3　子どもは、休息及び余暇を求め、文化的に生活する権利を有し、その年齢に適した遊び及びレクリエーションの活動をし、文化的及び芸術的活動に自由に参加する権利を保障される。

趣旨説明（条約第6条，第31条）

　第1項及び第2項は，条約の4つある一般原則の一つである。条約第6条は，子どもの生命に対する固有の権利を確認し，締約国は子どもの生存及び発達を可能な最大限の範囲において確保するとしている。ここでは，条約第6条を取り入れつつも，憲法第25条の生存権保障の条項との対応も考慮し，権利性を明確にするにとどめた。しかし，権利と明記されている以上，身体的，精神的，道徳的及び社会的発達のための相当な生活水準を保障されるという趣旨である（条約第27条第1項）。

　第3項は，条約第31条に対応するものである。子どもの成長発達には特に遊ぶ権利が必要であること，また，我が国には子どもの遊ぶ権利を保障した法律はないことから，生命，成長発達権保障の一内容として第3項を加えた。

> （人格権並びに氏名及び国籍を持つ権利）
> 第6条　子どもは、固有の人格権を保障され、その出生の時から氏名及び国籍を持つ権利を有する。
> 2　子どもは、できる限り父母及び自らの出自を知る権利を有する。

趣旨説明（条約第7条）

　「児童は，出生の後直ちに登録される。児童は，出生の時から氏名を有する権利及び国籍を取得する権利を有するものとし，また，できる限りその父母を知りかつその父母によって養育される権利を有する。」（条約第7条第1項）というのが条約の規定である。子どもが人としてこの世に誕生したときから，氏名，国籍の取得をまず権利として保障されなければならないのはアイデンティティすなわち自己同一性の確認のためであり，人格権の一内容と解される。

　我が国でかかる権利を規定した法律がないことから，個別の権利として規定した。

　また，第三者の関わる生殖医療技術によって出生した子どもに対しても，出自を知る権利は保障されるべきであるから，これを含む趣旨である[9]。

---

[9] 当連合会「第三者の関わる生殖医療技術の利用に関する法制化についての提言」（2014年4月17日）提言の7（1）では，「出生した子どもの出自を知る権利を法律に明記し，これを保障する制度を構築すべきである。」としている。

（子どもの意見とその尊重）

第7条　子どもは、自らに影響を及ぼす全ての事項について、その意見、気持ち、考え方、望み（以下「意見等」という。）を聴取され、自由に自己にふさわしい方法で意見等を表明する権利を有する。この子どもの意見等は、その子どもの年齢及び成熟度に従って正当に尊重されなければならない。

2　子どもは、特に、自己に影響を及ぼすあらゆる司法上及び行政上の手続において、直接に、又は代理人若しくは適当な団体を通じて意見等を聴かれる機会を与えられる。

3　保護者、裁判所、行政機関、立法機関及び公的若しくは私的な社会福祉施設又は学校等の教育機関など子どもの意見を聴取する立場にある全ての者は、日常的に、子どもを権利の主体として尊重する姿勢を培うよう努めなければならない。

4　子どもに関わる国、自治体、学校及び子どもに関わる施設は、子どもの成長と発達に応じて、子どもたちが意見を表明し、参加できるよう支援する仕組みを整備しなければならない。

趣旨説明（条約第12条）

　条約の4つある一般原則の一つである。この条約第12条第1項の「意見を表明する権利」（意見表明権）は，言語的表現に限定されて理解されがちであるが，非言語的表現を含む。

　本条は，子どもの意見表明権及び意見を聴かれかつ正当に尊重される権利を規定するばかりでなく，他のあらゆる権利の解釈及び実施においても考慮されるべきであるという意味で規定している。

　なお，条約の条文上は，意見表明権の主体を「自己の意見を形成する能力のある児童」としているところ，基本法ではこのような限定をしていない。委員会は，一般的意見7号でこの意見表明権について，「話し言葉または書き言葉という通常の手段で意思疎通ができるようになるはるか以前に，さまざまな方法で選択を行ない，かつ自分の気持ち，考えおよび望みを伝達している[10]」とし，乳幼児でも意見を表明できるとしている。基本法ではかかる見解に基づいている。

　また，委員会は，「自己の意見を形成する能力のある児童」との規定は意見表明権を有する子どもの範囲を制限するものとして見てはならず，「自律的見解をまとめる子どもたちの能力を可能なかぎり最大限に評価する締約国の義務としてとらえられるべきである」とし，「子どもには自己の意見をまとめる力があると推定し，かつ，

---

[10] 委員会　一般的意見7号パラグラフ14

それを表明する権利があることを認めるべきである[11]」としている。その趣旨を酌んで，対象となる子どもの範囲を限定しないこととしつつ，「子どもの年齢及び成熟度に従って」正当に尊重されなければならないとした。

さらに，子どもの意見表明権を実質的に保障するためには，その年齢や成熟度，障害の有無等に応じて，適切な支援が必要となることから，そのような支援の仕組みを整備しなければならないものとした。

（暴力等の禁止）

第8条　子どもは、あらゆる形態の身体的若しくは精神的な暴力、虐待[12]、不当な取扱い又は搾取から保護される権利を有する。

2　何人も、子どもに対して、体罰その他残虐な又は品位を傷つける取扱いをしてはならない。

3　子どもは、その身体又は精神への暴力からの被害の回復を求める権利を有する。

趣旨説明（条約第19条第1項，第28条第2項，第37条及び第39条）

　これら暴力等の禁止は，条約の4つある一般原則には含まれていないが，子どもの成長発達にとって，極めて重要な権利であるとともに，我が国でも看過し得ない状況にあることから，これを規定した。

　また，我が国では学校教育法第11条で体罰を禁止しているにもかかわらず，体罰を行った教員が処分される例，体罰を受けた子どもが自殺に追い込まれたりする事例がなくならない。児童相談所が児童虐待相談に対応した件数は拡大の一途をたどり，2015年度には10万件を超え，2020年度には205，029件に及んでいる。

　当連合会はこのような実態を踏まえ，2015年に，「子どもに対する体罰及びその他の残虐な又は品位を傷つける形態の罰の根絶を求める意見書」を発表している。

　委員会は，子どもに対する暴力の撤廃に関わる一連の一般的意見を発表しており，あらゆる暴力からの保護を特に重視している。すなわち，2006年に「体罰その他の残虐なまたは品位を傷つける形態の罰から保護される子どもの権利」とする一般的意見8号を，2011年には「あらゆる形態の暴力からの自由に対する子どもの権利」について一般的意見13号を採択した（特に条約第19条，第28条第2項及び第37条）。委員会のこれらの一般的意見の目的は，あらゆる形態の暴力から

---

[11] 委員会　一般的意見12号パラグラフ20
[12] 「虐待」の定義は，児童虐待防止法第2条の「児童虐待」の定義に従う。

子どもを保護することに関わる条約の規定を理解する際の指針を締約国に示すところにあり，この一般的意見の趣旨を実現できるよう，権利としての条項と国・地方公共団体，保護者等に対しての禁止条項とを併記する形としている。

また，２０１９年に児童福祉法と児童虐待の防止等に関する法律が改正され，親権者等が子どものしつけをする際に体罰をしてはいけないということが法律に明記された。そして，２０２０年４月から同改正法が施行され，たとえ民法第８２０条で懲戒権が認められている親権者であったとしても，子どもに対する体罰が許されないという認識が社会全体の当然の認識として拡がっている。

また，我が国は「子どもに対する暴力撲滅グローバル・パートナーシップ（ＧＰｅＶＡＣ）」のパスファインディング国にもなっている。

したがって，本法においてあらゆる場面で子どもに対する体罰が禁止されることを明記する必要性がより一層高まっていると言える。

さらに，本条では被害を受けた子どもが心身の回復を求める権利を規定することにより，暴力の被害を受けた子どもの保護の充実を図っている。

第２章　国及び地方公共団体の責務

（国の責務）

第９条　国は、子どもの権利の保障と拡大を図るための施策を総合的、継続的かつ重層的に実施する責務を負う。

趣旨説明（条約第４条）

第２章は，「提言の理由」で述べた基本法の６つの役割のうち，直接的にはその第４（国及び地方公共団体において，子どもの権利保障を総合的かつ効果的に実施するための施策の策定，組織の整備のための根拠法でなければならない。）に関するものであり，条約第４条の規定を確認し具体化するものである。

一般に人権条約の締約国は，そこに定められた権利の実現を条約上義務付けられるが，この国家の義務は，尊重する義務（個人の自由を侵害しないよう国家に要求するもの），保護する義務（個人の権利に対する他者による侵害を防ぐ国家の義務），充足する義務（個人的努力によっては確保され得ない個人のニーズを満たすために積極的措置をとるよう国家に要求するもの）に類型化され（これらに，促進する義務（長期的な計画をもって行われる人権の教育・啓発活動など）を別の類型として加える考え方もある。），全ての人権が基本的にこれらの側面を併せ持つと考えられ

ている[13]。

　特に子どもの権利は，各権利の内容が複合的で，これに対応する国家の義務も多面的である。そして，とりわけ充足する義務や促進する義務については，その義務を具体的にどのように実現するかが重要である。

　そこで，条約の趣旨を踏まえ，条約を裁判規範・評価規範として事後的司法的救済の基準とするだけでなく，国及び地方公共団体の行為規範として子どもの権利の保障と拡大を図るための予防的あるいは積極的な行政的施策を展開すること，そしてその際には総合的かつ計画的に実施することを国に対して義務付けるものである。

（予算の配分）

第10条　国は、子どもの権利保障に関する施策を実施するために、子どもに関する教育、福祉、司法等の各分野に十分な予算配分を行わなければならない。

趣旨説明（条約第26条〜第28条，40条）

　第9条に規定する「子どもの権利の保障と拡大を図るための施策」を実施するには予算の裏付けが必要である。その中で，とりわけ，子どもの心身の成長・発達に大きく関わるとともに，国による予算の裏付けが欠かせない「子どもに関する教育，福祉，司法等の各分野に十分な予算配分」を行うことを明記した。我が国が経済大国と言われているにもかかわらず，我が国の社会支出がOECD平均より低いこと，子どもへの予算割当が明確でないことを委員会は懸念し，子どものための優先予算枠を保護することを勧告している[14]。財政措置でなく予算配分としたのは，「児童の権利の優先性を反映した戦略的な予算額を定義すること」という，資源の配分に関する委員会の勧告に従ったからである。また，一般的意見19号では，国レベル及び国内下位レベルで設けられた子どもの意味のある参加のための機構を通じ，子どもに影響を与える予算決定についての子どもたちの意見を恒常的に聴くべきであること，条約の一般原則及び予算原則（有効性，効率性，公平性，透明性及び持続可能性）を考慮することとし，また，計画・策定・執行・フォローアップの各段階でどのように子どもの権利を実現すれば良いのかについての指針・勧告をしていることから，この点にも従う必要がある[15]。また，委員会は，予算配分の妥当性，有効性及び衡平性の監視及び評価を行うための具体的指標及び追跡システムを包含した

---

[13] 喜多明人ほか『逐条解説　子どもの権利条約』71頁（日本評論社，2009年）

[14] 第3回総括所見パラグラフ19・20

[15] 委員会　一般的意見19号パラグラフ52，57〜111

予算策定手続を確立するようにも強く勧告している[16]。今と未来に生きる子どもの
ために，国や地方自治体は，「子どもに関する教育，福祉，司法等の各分野」への予
算配分を優先することが義務付けられていると言うべきであり，単なる財政措置で
はなくあくまでも優先的に配分される必要がある。

　なお，条約第４条で，締約国は経済的，社会的及び文化的権利に関して自国の利
用可能な手段を最大限に用いることにより行政上及びその他の措置をとると定めて
いる。その解釈に当たっては，社会権規約委員会の一般的意見３号（１９９０年）
が，締約国に次のような義務を課していることが参考になる[17]。

(1) 権利実現という目標に向かって一定の計画的具体的行動が即時的にとられな
　　ければならない（行動をとる義務）。
(2) 正当化理由を立証できない意図的な後退措置は，それがたとえ高いレベルか
　　らの後退であっても，規約と両立しない。
(3) 各権利に関して最低限の中核的義務が存在し，相当数の個人が不可欠な食糧，
　　基礎保健，住居，教育を奪われている場合，義務の不履行が推定される。
(4) 現状モニター義務と政策作成義務は，手段の利用可能性に左右されない最低
　　限の義務である。
(5) 厳しい資源制約が立証されても比較的低コストの重点プログラムを採用する
　　ことにより，社会的に不利な立場にある人々に対する保護の義務は残る。

　（子どもの権利条約の啓発・教育等）
第１１条　国は、全ての成人及び子どもに対して子どもの権利条約の原則及び規定
　の啓発に努めなければならない。
２　前項の目的を達成するために、国は、子どもの権利に関する教育を学校教育及
　び社会教育の中に取り入れるものとする。

趣旨説明（条約第４２条，第２９条）

　第１項は，条約第４２条を条文化したものであり，①権利の保有者である子ども
への広報，②責務の担い手である全ての大人への普及の徹底を目指すものである。
これは，単に，知識として人権・権利を学ぶだけでなく，いじめ・虐待などの場面
で条約や本基本法を活かすことができるような啓発が求められる。委員会の総括所
見では，子どものために及び子どもとともに働く全ての者（教員，裁判官，弁護士，

---

[16] 第４回・第５回総括所見パラグラフ１０
[17] 今井直「社会権規約における締結国の義務の性質」島田征夫ほか編『変動する国際社会と法』２
１９～２４４頁（敬文堂，１９９６年）

家庭裁判所調査官，ソーシャルワーカー，法執行官，メディア従事者，公務員及び
あらゆるレベルの政府職員を含む）を対象として，条約及びその議定書に関する具
体的な研修セッションを定期的に実施することも勧告しており，特に子どもに関わ
る現場で，条約の原則や規定が十分に浸透し，活かされることは急務である[18]。

　第2項は，条約第29条第1項（b）の規定を具体化したものである。

　この点に関する我が国国内の施策としては，「人権教育及び人権啓発の推進に関す
る法律」（2000年施行）と同法に基づく「人権教育・啓発に関する基本計画」（2
002年策定）が挙げられ，また地方公共団体においても独自の施策が行われてい
る。しかし，委員会の総括所見では，人権教育のためのカリキュラムが不十分であ
ることなどが指摘されていることから[19]，ここに確認的な規定を置くこととした。

（国際連合子どもの権利委員会からの勧告の尊重等）

第12条　国は、選択議定書を含め、子どもの権利条約を完全に実施するために、
　　国際連合子どもの権利委員会からの勧告及び意見表明等に対して誠実に応じ、条
　　約で定める権利の実現に努めなければならない。

2　　国は、前項の勧告及び意見表明等を広く広報し、特に子どもがこれらの情報を
　　入手できるようにしなければならない。

趣旨説明（条約第44条，第45条）

　条約の締約国は，「権利の実現のためにとった措置及びこれらの権利の享受につい
てもたらされた進歩に関する報告」を，自国について条約の効力が発生してから2
年以内に，その後は5年ごとに，委員会に提出しなければならない。委員会は上記
の報告の審査を行い，委員会として締約国報告に対する総括所見を採択し，国連文
書として公表する。この文書は，次回の政府報告書提出まで，条約実施の優先的課
題とされるべきものである。そのほか委員会は，条約の内容を更に具体化するため
の一般的意見を採択してきている。

　上記委員会からの指摘等については，誠実に対応するべきものであるところ，従
来，我が国の政府報告書に対しては繰り返し同じ懸念が指摘されている。我が国は，
条約を批准するに際し，条約第37条（c）について留保，第9条第1項及び第1
0条第1項に関する解釈宣言を行ったが，委員会は，第1回審査以降第4回・第5
回審査の総括所見まで第37条（c）の留保について撤回するよう繰り返し勧告を
している。また，第9条第1項及び第10条第1項に関する解釈宣言についても，

---

[18] 第4回・第5回総括所見パラグラフ13
[19] 第2回総括所見総括所見パラグラフ21（b）（d）

第1回審査及び第2回審査の総括所見において，委員会は撤回するよう求めている。

第37条（c）の留保により，我が国では，それ自体として人権侵害ともいうべき警察署の代用監獄において少年に対する身体拘束がなされることが常態化しており，この点において「人道的に，人間の固有の尊厳を尊重して，かつ，その年齢の者の必要を考慮した方法」で取り扱われていると言い難い状況が継続している。

また，第9条第1項及び第10条第1項の解釈宣言により，出入国管理行政の分野で外国人親子を国境を越えて分離させるような対応が行われ，子どもが親から分離されずに育てられるという権利が踏みにじられている。

本条第1項では，国内において条約を完全に実施するためには，個人通報制度の導入が不可欠であることから，「通報手続に関する選択議定書」を批准し，実施することも含んでいる。さらに，本基本法制定の趣旨に鑑み，条約を補充し具体化するものであるこれらの委員会からの勧告等に誠実に対応しなければならないことを確認したものである。

委員会の我が国に対する総括所見や条約についての一般的意見は，正に条約と一体として理解されるべきものである。したがって，本基本法第11条に定める啓発や教育においては，これらの情報も同様に容易にアクセスできるものとするべきであることから，本条第2項において，そのことを確認したものである。

（地方公共団体の責務）

第13条　地方公共団体は、この法律の基本理念にのっとり、国と協力しつつ、当該地域の社会的、経済的状況に応じて、子どもの権利の保障と拡大を図るための施策を策定し、及び実施する責務を有する。

趣旨説明

高齢社会対策基本法は，第4条において，「地方公共団体は，基本理念にのっとり，高齢社会対策に関し，国と協力しつつ，当該地域の社会的，経済的状況に応じた施策を策定し，及び実施する責務を有する。」と規定する。

本基本法においても，条約及び本法に定める子どもの権利の実現のためには，国がそのための施策の詳細を全国一律に定めるよりも，それぞれの地方公共団体がその社会的，経済的状況に応じ，適切な施策を策定し，実施することが望ましいことから，この規定を置いたものである。しかし，このことは，条約が定める義務の履行を地方公共団体の事情に応じて猶予したり緩和したりするものでないことはもちろんである。

第3章　子どもの権利実現のための基本計画

（基本計画の策定）

第14条　政府は、子どもの権利条約の実施及び子どもの権利の保障を総合的、継続的かつ重層的に実施するための施策及び組織の整備のために、子どもの権利基本計画（以下「基本計画」という。）を策定しなければならない。

2　基本計画は、国際連合子どもの権利委員会の勧告、意見等を尊重するとともに、子どもに関わる民間組織及び子どもの意見を反映したものとしなければならない。

3　政府が基本計画を策定したときは、遅滞なく、これを公表しなければならない。これを変更したときも、同様とする。

4　政府は、毎年、国会に、基本計画の実施状況報告書を提出するとともに、これを公表しなければならない。

5　政府は、5年ごとに基本計画の実施状況を評価し、基本計画の見直し及び改善を行わなければならない。

6　地方公共団体は、基本計画に基づき、当該地域における状況等を踏まえ、当該地方公共団体における子どものための施策を、計画的に実施しなければならない。

趣旨説明

　国が，「子どもの権利の保障と拡大を図るための施策を総合的，継続的かつ重層的に実施する責務」（第9条）を適切に果たし，そのための組織を整備するために，そして，そのための「十分な予算配分」（第10条）を行うためには，条約の全ての分野を網羅し，かつ，特に子どもたちの間に存在する不平等及び格差に対応する，子どものための，権利をベースとした包括的な国内行動計画が策定される必要がある[20]。この計画の名称を，障害者基本法等を参考に「子どもの権利基本計画」とした。

　このような計画の内容が的確なものであることを担保するには，計画策定の過程において子どもの参画を得ること，NGO等の市民社会（子どもとの暮らしや子どもへの日常的な支援を通じて子どもの実情やニーズを把握している）と協同することが必要不可欠であるので，第2項でその点を明記した[21]。

---

[20] 第3回総括所見パラグラフ15

[21] 第3回総括所見のパラグラフ16は，「委員会は，締約国に，地方自治体・市民社会・児童を含む関係者と協議・協力し，条約の全範囲をカバーする中長期目標を有する児童のための国内行動計画を採択・実施すること，さらに，成果を監督し，要すれば対策を修正する監視メカニズムとともに，適切な人的・財政的資源を提供するよう勧告する。特に，委員会は，行動計画が，所得・生活水準

（基本計画の内容）

第15条　政府は、基本計画の策定に当たっては、次に掲げる事項を十分に考慮しなければならない[22]。

(1) 子どもの貧困の克服に留意し、必要な財政的、社会的及び心理的支援を行うこと。

(2) 保育の重要性に鑑み、保育を必要とする子どもが保育を受けることを確保するための全ての適当な措置をとること。

(3) 子どもが、その成長発達のために、その年齢等に応じた遊び、スポーツ及びレクリエーションの活動を行い、文化的な生活及び芸術に自由に参加することができるようにするため、子どものための施設、設備等を整備するとともに、全ての子どもが自由かつ創造的にこれらの施設を活用できるようにするための諸条件を整備すること。

(4) 子どもが、子どもにとって適切かつ必要な医療や保健を享受することができ、子どもがその成熟度に応じて、医療に関する情報にアクセスすることができるようにすること。

(5) 思春期の子どもの心と体の健康について特別な配慮を行うこと。

(6) 子どもの健康を損なうような環境汚染を防止し、除去し、かかる環境汚染による被害を回復するために必要最大限の努力をすること。

(7) 難民の地位を求めている子ども、その他庇護を希望し又は移住者である子どもに、父母その他の者に付き添われているかいないかを問わず、子どもにふさわしい適切な保護、支援及び人道的援助を行うこと。

趣旨説明

　既に法律に規定されているものについては，基本計画に盛り込むべきであることは言うまでもないが，我が国の法律に規定がなくても条約に規定があるもの，また，委員会からの勧告を受けているものについても基本計画に盛り込むべきであることを留意し，列挙した。我が国の法律に規定がなく，条約に規定があるものは，遊ぶ権利（条約第31条，一般的意見17号），健康安全の権利（条約第23条～第24条），難民の子どもの権利（条約第22条）などである。

　貧困は，子どもの健やかな成長発達を脅かす要因であり，その克服は近代国家に

の不平等に加え，性別，障害，出身民族及び児童が発達し，学び，責任ある人生に向け準備する機会を形作っているその他要素による不均衡に対処するよう勧告する。委員会は，締約国が，"児童にふさわしい世界を"（2002年）及びその中期レビュー（2007年）の成果文書を考慮するよう勧告する。」と述べている。

[22] ここは条約で認められている権利についての計画であるから，義務付けとした。

おける普遍的な課題である。そして，子どもの健やかな成長発達には，充実した保育環境が必要不可欠である。

「遊ぶ権利」は，子ども特有の権利である。「遊び」は，それ自体を目的として，自由に創造的かつ自発的に行われることにより，子どもが生まれながらに持っている能力を伸ばすものであって，その成長に欠かせない。友達との遊びは，それぞれの考えやしたいことを伝え合うことから自己表現力を培い，満ち足りた気持ちや達成感を味わうことを可能にするのであり，子どもの心身の発達や豊かな感性，そして社会性の発達に欠くことができない。「遊ぶ権利」は最も子どもらしい権利である。これが危うければ，とりもなおさず，子どもの全ての権利を支える基盤が危ういということになる。

我が国において，子どもの健康安全の問題は極めて重要である。子どもの自殺，思春期の子どもの精神保健，過剰な投薬の問題や放射能被害の問題などがあり，子どもを保護する特別な規定が必要である。委員会は，5回にわたる政府報告に対する総括所見において，青少年の健康に関し対処する包括的政策を策定するために，青少年の健康に関する調査を実施すること，18歳未満の子どもが親の同意なくして医療的カウンセリング及び情報にアクセスすることができるようにすることを目的として法制度を改正すること等を勧告している。また，委員会は，セクシュアルヘルスやリプロダクティブヘルス（性と生殖に関する健康）の問題などに関して，学校教育が限られていることや，10代女性の妊娠中絶率が高いこと等について深刻な懸念を表明しており，セクシュアルヘルス及びリプロダクティブヘルスに関する包括的政策の採択や，これらに関する教育が学校の必須カリキュラムとして実施すること等を勧告している[23]。また，福島第一原発事故の被害を受けた子どもへの医療サービス，その他支援についても計画に取り入れられなければならない。

基本計画は，難民の子どもについての条約の規定を実施することを意識した内容でなくてはならない。条約は締約国に義務を課しているが，従来我が国において，難民の子どもの権利について特に定めた制度がなく，特に基本計画に取り上げるべき必要性が高い。

---

[23] 第4回・第5回総括所見パラグラフ34・35

218

第４章　子どもの施策に関する総合調整機関

（子どもの施策に関する総合調整機関の設置）

第１６条　基本計画の実現に当たっては、子どもに関する教育、福祉等の各分野における施策を統一的、継続的かつ重層的に実施するために、内閣府設置法（平成１１年法律第８９号）第４９条第３項の規定に基づいて、子どもの施策に関する総合調整機関を設置する。

２　子どもの施策に関する総合調整機関は、子どもの権利を保障及び拡充するため、子どもに関する施策を、政府全体を通じて調整し主導することにより、子どもに関する施策を統一的、継続的かつ重層的に推進することを任務とする。

３　子どもの施策に関する総合調整機関は、子どもに関する施策を統一的、継続的かつ重層的に実施するため、施策評価の指標を定めるとともに、子どもに関するあらゆる統計資料を収集及び整備するとともに、子どもの現状について調査及び研究を行わなければならない。

趣旨説明

　委員会は，第１回政府報告書審査の時から第４回・第５回審査に至るまで，一貫して，我が国に対し，子どもの施策に関する総合調整機関の設置を求めている[24]。

　我が国の施策は，法律ごとに，それを所管する省庁，さらには下位の行政組織により，目的や対象等が異なるという理由などから，それぞれに行われるというのが原則となっている（縦割り行政）。その結果，施策の届く子どもの立場に立った子どもの権利保障という観点からの評価が十分なされずに，施策間で齟齬が生じたり欠落したりする現状が生じている。また，子どもを含むが，子どもだけに限られない施策については，そもそも子どもの施策とはされず，子どもの権利保障の評価がそもそもなされていない。

　こうした現状を踏まえ，各省庁が所管する施策を含めて，子どもに関わり，また，子どもに影響を与える施策について，子どもの権利保障の観点からこれらを総合的

---

[24] 第４回・第５回総括所見パラグラフ８　委員会は，締約国が，本条約が対象とする全ての分野を包含し，政府機関間の調整及び相互補完性を確保する包括的な児童の保護に関する政策を策定するとともに，十分な人的資源，技術的資源及び財源に裏づけられた当該政策のための包括的な実施戦略を策定するよう勧告する。
同パラグラフ９　委員会は，締約国が，分野横断的に，国，地域及び地方レベルで行われている本条約の実施に関連する全ての活動を調整するための明確な任務及び十分な権限を有する適切な調整機関，また，全ての児童及び本条約の全ての分野を対象とする評価及び監視のためのメカニズムを設置するよう要請する旨の前回の勧告（ＣＲＣ／Ｃ／ＪＰＮ／ＣＯ／３，パラ１４）を改めて表明する。締約国は，当該調整機関に対し，その効果的な運営のために必要な人的資源，技術的資源及び財源が提供されることを確保すべきである。

に評価し，調整し，実施について策定し，権限をもって実施し又は実施させていく分野横断的な行政機関が必要となる。現行の行政組織を前提とした場合，各省庁の総合調整機能を期待できる内閣府の下に，内閣府設置法第４９条第３項に基づく外局としての総合調整機関を創設するのが最もふさわしいと考えられる（ただし，国家行政組織法第３条に基づく省の設置を妨げるものでない。）。

さらに，子どものための施策を策定するためには，その根拠となるデータ収集が不可欠であるが，現在，子どもに関するデータは，厚生労働省，文部科学省，法務省，内閣府等がそれぞれ特定の施策を実施するために独自に収集しており，統一的，継続的，重層的に分析するためのデータがないため，寄せ集めてみればある程度のことは分かるとしても，子どもの権利状況を踏まえた子どもに関する政策の実施状況を総合的に評価することが難しいという問題がある。

これについて委員会は，第２回総括所見において，我が国のデータ収集が不十分な点を指摘し，データ収集メカニズムを強化することを勧告し，第３回の総括所見においても，必要な分野の一部のデータが足りないこと，子どもの権利の分野における政策の効果を評価することを目的とした指標を開発するべきであると勧告がなされ[25]，直近の第４回・第５回総括所見でも繰り返されている[26]。

以上のとおり，委員会からの勧告を踏まえ，子どもの権利保障のために，政策の一元的・統一的な実施及びデータ収集等のため，権限をもってこれを実現するために，常設の子どもに関する施策の総合的調整及び実施又は実施させるための行政機関の設置が必要と考えられる。

---

[25] 第３回総括所見パラグラフ２１　委員会は，児童及び児童の行動について相当量のデータが定期的に集積され公表されていることを認識している。しかしながら，委員会は，貧困状態にある児童・障害のある児童・外国籍児童の就学率や，学校における暴力やいじめを含む，条約がカバーするいくつかの分野に関するデータの欠如に懸念を表明する。
同パラグラフ２２　委員会は，締約国に，児童の権利が侵害される危険にさらされている児童についてのデータを収集する努力を強化することを勧告する。締約国はまた，条約の実施の進捗を効果的に監視し，評価する指標を作成し，児童の権利の分野における政策の効果を評価するべきである。
[26] 第４回・第５回総括所見パラグラフ１１　締約国によるデータ収集の努力に留意しつつ，委員会は，なお不足が存在することにも留意する。本条約の一般的実施措置に関する一般的意見第５号（２００３年）を想起しつつ，委員会は，締約国が，本条約の全ての分野，特に児童の貧困，児童に対する暴力，乳幼児期のケア及び発達の分野において，年齢，性別，障害，地理的所在，民族的出自及び社会経済的背景ごとに細分化されたデータ収集システムを改善するとともに，当該データを政策立案及びプログラム策定のために活用するよう勧告する。

第5章　子どもの権利擁護委員会

（委員会の設置及び任務）
第17条　子どもの権利に関する施策の充実及び保障を推進し、子どもの権利の侵害によって発生する被害の適正かつ迅速な救済及び実効的な子どもの権利の保障を図るという任務のため、内閣府設置法第49条第3項の規定に基づいて、子どもの権利擁護委員会（以下「権利擁護委員会」という。）を設置する。

趣旨説明

　子どもの権利擁護委員会の設置規定である。委員会の総括所見において繰り返し指摘されてきた子どもの権利に関する独立した監視機関に当たる。各国で設置されてきたかかる監視機関は，オンブズパーソン又はコミッショナーという独任制の機関を設置する国と，国家人権委員会[27]の中にセクションを設けて子どもの権利の監視に当たる国があるが，我が国の行政組織法制との整合性から，内閣府設置法第49条第3項の「委員会」という位置付けにした。

　委員会は，子どもの権利の独立した監視機関について，我が国に対する総括所見の他，一般的意見第2号を採択しており，「パリ原則（国際連合・国家機関の地位に関する原則）」への遵守も含め，その考え方が示されている。子ども等からの申立てに応じて子どもの権利侵害に対して救済を提供すること，申立て又は発意で，子どもの権利の保護及び促進について勧告等を政府等に対して行うこと，データに基づいて，子どもの権利状況を監視すること，子どもの権利についての意識啓発を図ること等が示されているが，「子どもの権利の侵害によって発生する被害の適正かつ迅速な救済及び実効的な子どもの権利の保障を図る」とは，これらのこと全てを含むものである。

（所掌事務及び権限）
第18条　権利擁護委員会は、前条の任務を達成するため、次に掲げる事務をつかさどり、その権限を有する。
（1）子どもの権利に関する施策及び制度の改善並びに法改正及び立法に関する調査及び研究に関すること。
（2）子どもの権利条約第44条の規定に基づく報告及び国際連合子どもの権利

---

[27] 当連合会も，2008年11月18日に「日弁連の提案する国内人権機関の制度要綱」を公表し，パリ原則に則った国内人権機関の設立を求めている。

> 　　委員会の総括所見の実施につき、政府に対し意見を述べ、内容を公表すること。
>
> （3）子どもに関する権利侵害の相談への必要な助言及び支援を行うこと。
>
> （4）前号の相談に基づき、又は発意で、子どもの権利保障の観点から、国、地方公共団体その他関係者及び関係機関（以下「国及び地方公共団体等」という。）に対して、調査、調整、勧告、提案及び意見の表明を行い、これらを公表すること。
>
> （5）子どもの権利の普及及び啓発を行うこと。
>
> （6）毎年我が国における子どもの権利状況について報告書を編纂し公表すること。
>
> （7）その他子どもの権利侵害の救済及び防止に関する一切の事項

趣旨説明

　権利擁護委員会の所掌事務及び権限の規定である。前条の説明でも触れたとおり，権利擁護委員会の所掌事務及び権限は，委員会一般的意見2号に沿うものでなければならない。

　データに基づいて，子どもの権利状況を監視することについては，第1号及び第4号で規定した。権利擁護委員会は，基本法が国によって遵守され，その基本計画の実施と進展が子どもの権利の実現に向けられているか否かを，独立した立場から監視するとともに，公正中立な第三者機関として子どもの権利の全面的尊重を確保するために全力を尽くさなければならない。委員会が自らの議題を設定し，かつ発意で自らの活動を決定することができるとするのが同各号の趣旨である。

　権利擁護委員会のもう一つの重要な任務として，子ども等からの個別の権利侵害からの相談及び申立てに対して救済を行うということがあり，第3号及び第4号で規定した。我が国には，すでに30を超える地方公共団体の権利擁護委員会があり，第32条においても，地方公共団体にその設置を求めることとしている。権利侵害が子どもの身近なところで起こりやすいことを踏まえると，まずは地方公共団体の権利擁護委員会における相談，救済活動による解決が相応しいが，国に設置される権利擁護委員会には，国の施策をモニタリングするという重要な役割があり，個別の相談を契機に，地域を超えた国の施策に関わる子どもに対する権利侵害への対応が求められる場面も考えられるため，国に設置される権利擁護委員会にも，権利侵害の相談，救済活動も含むこととした。もっとも，今後，地方公共団体の権利擁護委員会の設置が進めば，個別の救済活動は，地方公共団体の権利擁護委員会が中心となって行い，国の権利擁護委員会はこれに協力，支援し，集約するなど，相互の役割分担と連携が必要となってくる。

　また，国連の審査に際しての政府報告書に対する意見表明，総括所見の実施に対する監視についても，それぞれ，第2号に規定した。権利擁護委員会の意見は，政府報告書に反映されるべきであるが，権利擁護委員会が政府報告書を作成するものでないことについては理解しておく必要がある。

　その他，子どもの権利の啓発について規定し（第5号），さらに，子どもの権利状況について監視をし，これを定期的に報告書として公表することについても規定した（第6号）。

　（子どもの利用及び参加）
第19条　権利擁護委員会は、全ての子どもが利用可能なものとして整備されなければならない。
2　前条第2号及び第4号に規定する調査、勧告、意見表明等を行うに当たっては、子どもから意見を聴くよう努めなければならない。

趣旨説明

　条約は子どもの意見表明権を定め，条約の一般原則の1つとするとともに，子どもの権利の中で最も重要な権利としても位置付けている。子どもの意見表明は，あらゆる場面で実現されなければならず，権利擁護委員会の活動についても，子どもの意見が表明され，尊重される必要がある。子どもの権利侵害についての相談と申立てについては，所掌事務及び権限としても規定したが，あわせて，権利擁護委員会の活動のその他の場面においても，子どもの意見の反映がなされる必要がある。そのことを定めたのが本条である。

　なお，子どもの意見表明を真に実現するためには，保護者の同意を要することなく子ども等が権利擁護委員会にアクセスできなくてはならない。

　（職権行使の独立性）
第20条　権利擁護委員会の委員長及び委員は、独立してその職務を行う。

趣旨説明

　一般的意見2号，さらにはパリ原則において，独立性は欠くことのできない要件となっている。具体的には，パリ原則では，委員会の構成とそのメンバーの任命の手続，十分な財政的基盤の確保，一定の任期を定めた公的行為による任命などについて定めているところ，次条以下で，委員の人事について明確な規定が必要であり（第21条），さらに，権利擁護委員会が独自の事務所と組織を持つこと（第27条），

給与の保障（第29条）と財政的基盤の確立が必要であることを規定した。

（組織等）

第21条　権利擁護委員会は、委員長及び4人の委員をもって組織する。

2　委員長及び委員は、国会に設置された推薦委員会の推薦に基づき、両議院の同意を得て内閣総理大臣がこれを任命する。

3　委員長及び委員は、子どもの権利に関して高い識見を有し、子どもの権利擁護に必要な知識と経験を有する者でなければならない。

趣旨説明

　　委員長及び委員の資格要件を定めるとともに，任命における公正性を担保するための規定である。権利擁護委員会の独立性を保証する上で重要な規定である。委員長及び委員の職種としては，弁護士を含めて多職種が想定できるところ，重要なことは，子どもの権利に関して高い識見を有し，子どもの権利とその保障（子どもの権利擁護）に必要な知識と経験を有することである。

　　また，委員長及び委員の任命は内閣総理大臣がこれを行うとしたが，国会に推薦委員会を設置し，両議院の同意を得て任命することとした。

（任期等）

第22条　委員長及び委員の任期は、5年とする。ただし、補欠の委員の任期は、前任者の残任期間とする。

2　委員長及び委員は、再任されることができる。

3　委員長及び委員の任期が満了したときは、当該委員は、後任者が任命されるまで引き続きその職務を行うものとする。

（身分保障）

第23条　委員長及び委員は、次の各号のいずれかに該当する場合を除いては、在任中、その意に反して罷免されることがない。

1　破産手続開始の決定を受けたとき。

2　禁錮以上の刑に処せられたとき。

3　委員の合議により、心身の故障のため職務を執行することができないと認められたとき、又は職務上の義務違反その他委員長若しくは委員たるに適しない非行があると認められたとき。

趣旨説明

　権利擁護委員会の独立性を担保するために，委員長及び委員の任期を定めるとともに（第２２条），解職制限の規定を置き，身分保障について規定した（第２３条）。

（委員長）

第２４条　委員長は、権利擁護委員会の会務を総理し、委員を代表する。

２　権利擁護委員会は、あらかじめ委員のうちから、委員長に事故がある場合に委員長を代理する者を定めておかなければならない。

（会議）

第２５条　委員長は、委員で合議が必要な事項を審議するために、権利擁護委員会を招集することができる。

２　委員長及び委員は、名前を表示して、それぞれ独立して職権を行使することができる。ただし、次に掲げる事項については、合議によって決しなければならない。

(1)　第１８条第４号の勧告

(2)　第１８条第６号の報告書の確定

３　権利擁護委員会の議事は、出席者の過半数でこれを決し、可否同数のときは、委員長の決するところによる。

趣旨説明

　権利擁護委員会の運営に関する規定である。各国の独立した監視機関の中には、独任制のオンブズパーソン等があること，子どもに関する事項は機動的に対処しなければいけない場合があることを踏まえ，委員長及び委員は，それぞれ独立して、名前を表示して職権を行使することができるものとした。

　ただし，勧告及び報告書の確定については，これを慎重に審議する必要性があると考えられることから，合議に付すものとした。議事は過半数で決するとしたが，できる限り，全委員一致で決するのが好ましい。

（専門委員）

第２６条　権利擁護委員会に、委員長及び委員の補佐並びに専門の事項の調査をさせるため、専門委員を置くことができる。

２　専門委員は、委員会が任命する。

趣旨説明

　委員長及び委員は，子どもの権利について専門性を有しているが，相談に対する対応，制度改善提案を伴う子どもの権利保障の促進，さらに，子どもの権利状況の把握と監視など，多岐にわたって職務を行うこととなる。こうした権利擁護委員会を補佐し，専門的な事項について調査をさせるために，専門性を有するスタッフが不可欠であることから，専門委員を置く規定を設けた。

> （事務局）
> 第２７条　権利擁護委員会の事務を処理させるため、権利擁護委員会に事務局を置く。
> 2　事務局に、事務局長その他の職員を置く。
> 3　事務局長は、委員長の命を受けて、局務を掌理する。

趣旨説明

　権利擁護委員会が独自の事務局を持つことは，委員会自体の独立性にとって不可欠な要素であることは，一般的意見２号でも述べられている。事務局長を始めとした事務局組織を置くこととし，これを権利擁護委員会の下に置くこととした。

> （秘密保持義務）
> 第２８条　委員長、委員、専門委員及び事務局の職員は、職務上知ることのできた秘密を漏らし、又は盗用してはならない。その職務を退いた後も、同様とする。

趣旨説明

　権利擁護委員会の委員長，委員，専門委員は特別職の公務員であることから，守秘義務の規定を設けることとしたものとである。本法で，罰則の規定について用意をしていないが，守秘義務に関して罰則規定を設けることは想定されてよい。

> （給与）
> 第２９条　委員の給与は、別に法律で定める。

趣旨説明

　報酬又は給与の保証の規定である。別に法律で定めることとした。

（規則の制定）

第３０条　権利擁護委員会は、その所掌事務及び委員会の運営について、法律若しくは政令を実施するため、又は法律若しくは政令の特別の委任に基づいて、委員会規則を制定することができる。

趣旨説明

内閣府の外局としての委員会として，規則制定権を明示したものである。

（国及び地方公共団体等の義務）

第３１条　国及び地方公共団体等は、第１８条第２号及び第４号の権利擁護委員会の意見、勧告、提案及び報告を尊重し、誠実に対応しなければならない。また、意見、勧告、提案又は報告を受けたときは、その結果について、権利擁護委員会に対して速やかに報告しなければならない。

2　国及び地方公共団体等は、権利擁護委員会が第１８条に規定する職務を行うための調査に協力する義務を負い、権利擁護委員会から要請があれば、その保有するいかなる情報及び文書であっても、速やかに、これを権利擁護委員会に提供しなければならない。

3　国は、権利擁護委員会に係る予算編成に当たって、あらかじめ、権利擁護委員会の要望を聴くものとし、権利擁護委員会の要望を尊重するものとする。

趣旨説明

権利擁護委員会の意見，勧告，提案及び報告についての尊重義務を定め，誠実にこれに対応することを定めたものである。対応した結果について，権利擁護委員会に報告をするものとした。

あわせて，第２項で，調査への協力義務も規定している。調査について，権利擁護委員会の情報収集権限を定めるとともに，権利擁護委員会が，第１８条第４号の調査等を行う場合に，個人情報を収集する必要があることから，本人外収集を含む情報の収集権限を定め，国及び地方公共団体等の個人情報の権利擁護委員会への提供の根拠となる規定である。

第３項では，独立性の観点から，予算編成に当たって権利擁護委員会の権限を定めた。

（地方公共団体の子どもの権利擁護委員会の設置）

第３２条　都道府県及び地方自治法（昭和２２年法律第６７号）第２５２条の１９
　　第１項の指定都市は、子どもの権利に関する施策の充実及び保障を推進し、その
　　侵害によって発生する被害の適正かつ迅速な救済及びその実効的な予防を図る
　　ため、条例に基づき、地方子どもの権利擁護委員会を設置しなければならない。

２　市区町村（前項の指定都市を除く）は、市区町村における子どもの権利に関す
　　る施策の充実及び保障を推進し、その侵害によって発生する被害の適正かつ迅速
　　な救済及びその実効的な予防を図るため、地方子どもの権利擁護委員会の設置に
　　努めなければならない。

趣旨説明

　　国だけでなく地方自治体にも子どもの権利を擁護する機関が必要である。子ども
に関する事務や事業の権限の多くが地方公共団体に属していることに加え，個別救
済は，子ども自身が住んでいる地域の中にある機関がより迅速に効果的に活動でき
るからである。

　　子どものアクセスの容易さ，地域の実情を十分把握した上で機動的に活動できる
可能性等，及び事務事業場の権限の所在を考えると，地方子どもの権利擁護委員会
は市区町村に設置されることが望ましいが，現状では人的・財政的に困難な場合も
あると考えられることから，都道府県及び政令指定都市に地方子どもの権利擁護委
員会の設置を義務付けた。政令指定都市以外の市区町村について設置は任意である
ものの，設置の方向に誘導するような政策がとられるべきである。

　　現在，川崎市，川西市，埼玉県，札幌市，豊田市等において，名称は異なるが，
オンブズパーソン制度が設置され，子どもの権利侵害の救済に当たっている。本条
は既存の制度・取組を損なうことがないことを明確にすることにある。

第６章　条約の効力等

（子どもの権利条約の効力等）

第３３条　子どもの権利条約はこの法律で定めるもののほか、子どもに関わる全て
　　の事項に関し、効力を有するとともに、子どもに関する全ての法令の解釈適用に
　　当たって解釈指針とされるものである。

趣旨説明

　条約の効力や解釈指針とされることを確認するものである。

執筆者紹介［執筆順］

安保千秋（あほ・ちあき）　　　　　　　　　　　　　　　　　　　　　　＊あいさつ
　　日本弁護士連合会子どもの権利委員会委員長・弁護士

大谷美紀子（おおたに・みきこ）　　　　　　　　　　　　　　　　　　　　＊はじめに
　　国連・子どもの権利委員会委員長、弁護士

野村武司（のむら・たけし）　　　　　　　　　　　　　　　　　　　＊第1章、第5章
　　日本弁護士連合会子どもの権利委員会幹事・弁護士、東京経済大学現代法学部教授、
　　中野区子どもオンブズマン、国立市子どもの人権オンブズマン・スーパーバイザー、
　　子どもの権利条約総合研究所副代表

平野裕二（ひらの・ゆうじ）　　　　　　　　　　　　　　　　　　　　　　＊第2章
　　ARC（Action for the Rights of Children）代表、子どもの権利条約総合研究所運営委員

森保道（もり・やすみち）　　　　　　　　　　　　　　　　　　　　　　＊コラム
　　日本弁護士連合会子どもの権利委員会幹事・弁護士、
　　厚生労働省「体罰等によらない子育ての推進に関する検討会」構成員（2019年9月〜2020年2月）
　　NPO法人子どもすこやかサポートネット副代表理事

半田勝久（はんだ・かつひさ）　　　　　　　　　　　　　　　　　　＊第3章、第4章
　　日本体育大学体育学部准教授、子どもの権利条約総合研究所事務局次長、
　　世田谷区子どもの人権擁護委員、名古屋市子どもの権利擁護機関参与、
　　小金井市代表子どもオンブズパーソン

間宮静香（まみや・しずか）　　　　　　　　　　　　　　　　　　　　　　＊第3章
　　日本弁護士連合会子どもの権利委員会副委員長・弁護士、名古屋市子どもの権利擁護委員、
　　瀬戸市子どもの権利擁護委員、子どもの権利条約総合研究所運営委員

荒牧重人（あらまき・しげと）　　　　　　　　　　　　　　　　　　　　　＊コラム
　　山梨学院大学法学部教授、子どもの権利条約総合研究所代表

栁優香（やなぎ・ゆか）　　　　　　　　　　　　　　　　　　　　　　　　＊第6章
　　日本弁護士連合会子どもの権利委員会人権救済小委員会委員長・弁護士、
　　志免町子どもの権利救済委員

中島早苗（なかじま・さなえ）　　　　　　　　　　　　　　　　　　　　　＊第7章
　　認定NPO法人フリー・ザ・チルドレン・ジャパン代表、新潟市子どもの権利推進委員会推進委員

喜多明人（きた・あきと）　　　　　　　　　　　　　　　　　　　　　　　＊コラム
　　早稲田大学名誉教授、武蔵野市子どもの権利条例検討委員会委員長、子どもの権利条約ネットワーク代表

一場順子（いちば・よりこ）　　　　　　　　　　　　　　　　　　　　　　＊おわりに
　　日本弁護士連合会子どもの権利委員会幹事・弁護士

日本弁護士連合会

〒100-0013
東京都千代田区霞が関 1-1-3
電話　03-3580-9841（代表）
ファクシミリ　03-3580-2866

子どもコミッショナーはなぜ必要か
子どものSOS に応える人権機関

2023 年 2 月 20 日 初版第 1 刷発行

編　者　　日本弁護士連合会子どもの権利委員会
発行者　　　　　大　江　道　雅
発行所　　　　株式会社 明石書店
　　　　　〒101-0021 東京都千代田区外神田 6-9-5
　　　　　　　　電　話　03（5818）1171
　　　　　　　　ＦＡＸ　03（5818）1174
　　　　　　　　振　替　00100-7-24505
　　　　　　　　https://www.akashi.co.jp
　　　　装幀　　　　　　谷川のりこ
　　　編集／組版　　　有限会社 閏月社
　　　印刷／製本　　　モリモト印刷株式会社

子どもの虐待防止・法的実務マニュアル【第7版】

日本弁護士連合会子どもの権利委員会 編

■B5判／並製／440頁 ◎3200円

2018年の民法改正、2019年児童福祉法改正に完全対応。特別養子縁組、親権者等による体罰禁止、子どもの意見表明権に関する解説を新たに加え、最新の指針等も反映した待望の第7版。子どもの虐待対応に取り組むすべての実務家の必携書。

●内容構成

はじめに～第7版刊行にあたって～
（日本弁護士連合会子どもの権利委員会委員長：安保千秋）

第1章 児童虐待アウトライン
第2章 虐待防止と民事上の対応
第3章 児童福祉行政機関による法的手続
第4章 ケースから学ぶ法的対応
第5章 児童虐待と機関連携
第6章 児童虐待と刑事事件
第7章 その他の諸問題
書式集

子どもの権利ガイドブック【第2版】

日本弁護士連合会子どもの権利委員会編著

◎3600円

子どものいじめ問題ハンドブック
発見・対応から予防まで

日本弁護士連合会子どもの権利委員会編

◎2400円

その指導、子どものため？ おとなのため？
ユニセフ「子どもの権利とスポーツの原則」実践のヒント

日本ユニセフ協会・「子どもの権利とスポーツの原則」起草委員会編

◎1500円

日本の児童相談所
子ども家庭支援の現在・過去・未来

川松亮、久保樹里、菅野道英、田﨑みどり、田中哲、長田淳子、中村みどり、浜田真樹編著

◎2600円

信仰から解放されない子どもたち
#宗教2世に信教の自由を

横道誠編著

◎1800円

子どもアドボケイト養成講座
子どもの声を聴き権利を守るために

堀正嗣著

◎2200円

子どもアドボカシーと当事者参画のモヤモヤとこれから
子どもの「声」を大切にする社会ってどんなこと？

栄留里美、長瀬正子、永野咲著

◎2200円

子どもアドボカシー
声・つながり・リソースをつくる インケアユースの物語

畑千鶴乃、菊池幸工、藤野謙一編著

◎2200円

〈価格は本体価格です〉